大阪大学新世紀セミナー

金融工学

仁科一彦
小谷眞一
長井英生 編

大阪大学出版会

はじめに

本書の目的は、金融工学の研究と学習を中心にして、関連諸分野の最新情報を携えながら、金融工学の正確で平易な解説を提供することである。読者には、金融工学の研究に必要な基礎知識はもちろんのこと、高度の経済学や数学の素養も要求しない。むしろ、メディアや伝聞を通して金融工学に興味を抱き、その内容を知りたいと思う読者や、できれば金融工学の研究やビジネスに参画したいと思っている若者を歓迎する。なお第四章以降は、この分野の学問的な展開を数式を交えて解説しているために、読者によっては困難を感じるかもしれない。しかし重要な内容を含んでいるので、可能な限り読み続けることを期待する。

金融工学という言葉は、一般にはいわゆるバブル経済の時期にアメリカから導入され、もっぱら先端的な金融ビジネスの道具として喧伝された。その後経済の停滞とともに話題となる機会は少なくなったが、現代の金融ビジネスの世界では、金融工学のもたらした成果が必須の条件として広範に利用されている。一方アカデミズムにおいては、金融工学から発生した概念や論理が、先端的な研究分野として確立し、教科書にも登場している状況である。すなわち、経済学、数学そしてコンピュータ・サイエンス等の分野において重要かつ最新のテーマのひとつとして認識されているのである。

本書の解説でも強調されているように、金融工学の基礎は、市場メカニズムにもとづく経済学の論理と、確率解析を中心とした数学の成果、ならびに強力なコンピュータの処理能力がそろって実現したものである。とりわけ、経済学では一九七〇年代から急速に発展したファイナンス理論と、確率解析では著名な日本人数学者の業績が大きく貢献している。そのような背景と特性ゆえに、金融工学は学際的研究の典型とみなされているのである。

筆者たちが読者に届けたいメッセージは、金融工学がこれから挑戦するに値する分野であり、おおいに関心を深めてほしいということである。なぜなら、この分野に携わる多くの人びとが、未だ解決されていない問題が多いことと、将来に向かってこれまで以上の発展が期待できることを確信しているからである。

筆者たちは、一九九九年にファイナンスの理論と応用を研究するグループＦＴＡ（Finance Theory and Applications）を発足させた。これは金融工学に関連するさまざまなテーマを研究し、発表し、そして討論する集団であり、大阪大学の理学研究科、基礎工学研究科および経済学研究科を活動の拠点とした。それ以来、多くの研究発表と議論を蓄積しており、参加者の中にはその中から研究のヒントを得たり、改良したものが少なくない。研究者のみならず、金融ビジネスに携わる実務家の参加も歓迎している。彼らの提供する話題や情報が新しい問題を発見する端緒になることや、逆に高度に抽象的な学術研究がビジネスに有効な洞察をあたえることもある。ここにこそ金融工学の特徴があるといえよう。

大阪大学の創立七十周年を記念する出版に本書が加えられたことは、筆者たちにとって光栄であると同時に、少なからぬ責任を担うことを意味する。なぜなら、本書の紹介と解説に触れたことを契機にして金融工学に関心を抱いた読者に対して、学生であるか社会人であるかを問わず、われわれは本格的な教育と研究を提供しなくてはならないからである。そして、それが大阪大学のさらなる発展に寄与すると考えるからである。幸い筆者たちが籍を置く各研究科は、金融工学に関するもっとも優れた教育と研究の舞台であることを自負している。勉学の蓄積や、職業の経歴を問わず、金融工学に関心をもつ多くの人びとの参加を歓迎したい。

二〇〇三年二月　　仁科　一彦

目次

第一章　金融工学とは何か

本章では、最初に、経済学や工学の中で非常に新しい分野である金融工学が、何を目的にして創始され、何を追求していくのかを説明する。次に、その目的を達成するために、あるいは目的に近づくためにいかなる方法がとられてきたかを紹介し、さらに将来に向かって、どのようなアプローチが有望であるかを検討する。それに関連して、これまで金融工学の発展に貢献してきた分野を概観し、将来にわたって金融工学を支えると思われる分野を展望する。最後に、関連諸分野を含めて、金融工学を発展させていくと思われる人びとや組織について考察する。なお、本章は金融工学に関するいわば総論であり、それぞれのテーマに関する各論は次章以下で詳述されることをお断りしておく。

一　金融工学の目的

金融工学の目的を解説するためには、金融経済学という研究分野を紹介して、その目的を明らかにしておくことが有効である。なぜなら、金融工学の誕生と成長の基礎には金融経済学の発展があり、両者の目的には共通の部分が少なくないからである。

一部の意見として、金融工学は、金融経済学の成果を応用したり実践することのみを目的として、もっぱら技術的な側面を扱うものであり、金融経済学のいわば部分集合であるという主張がある。しかし、たとえ金融工学が応用や実践にのみ関心があったとしても、金融経済学の正確な理解と知識が必要なことはいうまでもなく、応用や実践のみでは学問の発展は期待できない。本書では、金融工学と金融経済学は、対象にする内容はそれぞれ異なる集合で表現されるが、重なる部分が非常に多い研究分野であると位置づける。すなわち、金融工学は金融経済学の部分集合ではなく、独立した研究分野であり、共通のテーマを多くもちながら、互いに非常に密接な関係にある学問であると考える。

金融経済学

金融経済学の目的は、金融・資本市場のメカニズムを前提にして、資金の取引に関する合理的な意思決定や、それに基づく効率的な資金の配分を追求することである。合理的な意思決定とは、貯蓄や投資あるいは資金調達等において、取引の参加者が自らの利益や満足を増加させることであり、効率的な資金の配分とは、それを通して国民経済全体の観点から、限りある資源を有効に利用することである。

たとえば、現在利用されている金融的な契約や取引に問題や改善の余地はないのか、あるとすればどのように修正し解決すべきかを検討する。さらには、それらは現行の方法に比較して、市場全体ひいては経済全体に対していかなる貢献を期待できるか、などを分析することになる。

このような分析に基づく意思決定は、対象となる要素と結果が時間を超えて存在するという特徴をもつ。たとえば、貯蓄や投資の結果は将来に発生するものであり、そうした結果を予想したうえで意思決定せざるを得ないという構造をもつ。この特徴が必然的に不確実性やリスクをともなうことは明らかであろう。すなわち金融経済学の基本概念に時間とリスクがあり、それらを市場メカニズムという枠組みの中で扱いながら、契約や取引の価格をはじめとする諸特性を明らかにするのである。

意思決定の主体として登場するのは、個人や家計、企業、金融機関と政府である。いずれの主体も、貯蓄や投資という資金の供給と、借り入れや金融資産の発行という資金の需要をあわせもつ。一般に資金の需要もしくは供給のどちらか一方のみを行う主体は存在しないが、経済全体で集計すると、最終的な資金の需要者は企業と政府であり、供給者は個人や家計になる。

以上のような研究目的と対象をもつ金融経済学は、投資理論（Investment）と企業財務論（Corporate Finance）に大別される。前者は文字どおり、将来において有利な収益を獲得するための考え方や方法を分析する。後者は、企業活動を金融的、財務的に支えたり発展させるための考え方や方法を検討するものである。もちろん両者とも金融・資本市場を舞台にして行われる意思決定を分析するのであるから、各種の取引やその価格形成を媒介にして密接に関連していることはいうまでもない。つまり両者を合わせて金融経済学が成立するのであるが、それは単に二つの分野が合体して構成されるのみならず、論理的に両者が結合して成立するのである。

現代経済学に通暁していない読者のために、金融経済学を別の観点から紹介しておきたい。われわれが生活する資本主義経済は、経済活動のために利用する各種の資源を、市場を通して配分するというルールを採用している。誰が、どの企業が、どのような資源をいかなる目的のためにいかなる方法で利用するかという決定のすべてを市場に委ねている。具体的には、それぞれの財やサービスの市場において、自由な参加を尊重しながら、取引を通して成立した価格や数量にしたがって配分を定める。この対極にある経済体制は計画経済であり、そこではあらゆる資源の配分が政府によって決定されることは周知のとおりである。

ところで、そのような市場メカニズムの特徴は金融・資本市場にもっとも典型的に現れている。金融・資本市場の存在によって資金の貸借が可能になり、さまざまな貸借契約を利用することによって、それらを利用できない場合に比較して経済活動が活発になり拡大する。経済全体の資金供給すなわち貯蓄が経済の成長や発展の基礎を構築するのであるが、その貯蓄を配分する場所が金融・資本市場なのである。すでに明らかにしたように、金融経済学は、文字どおり金融・資本市場の機能全般の高度化や発展に貢献することを目的にしているのである。

金融工学

冒頭で述べたように、金融工学は基本的な目的を金融経済学と共有するが、金融経済学と比較して、理論の応用や実践に強い関心をもつ。金融経済学の成果の中には金融仲介機関が主体となる場合の内容が少なくないので、いわゆる金融ビジネスにおいて応用される機会が多い。また、内外の金融・資本市場を舞台に展開される金融ビジネスでは、信頼できるデータが豊富に蓄積されていることもあり、それらを用いた実験やシミュレーション等が活発に行われている。

金融経済学では、市場参加者の合理的な行動を分析して、市場の均衡に至るプロセスや均衡状態の特性を明らかにすることに主眼が置かれるが、金融工学では、個々の契約や取引の細部に立ち入って、それぞれの価格や数量を明示的に求めることを重視する。言い換えると、金融経済学が市場における均衡解の存在とその経済的特性を解明すれば目的を果たしたことになるのに対して、金融工学では解の数値を具体的に捉えようとするのである。これは、金融経済学の成果が資金の需要者と供給者の双方に多大の便益を与えることを強調するのに対して、金融工学はそれらの便益を具体化することに注力すると理解してよい。個別の契約や取引に関する具体的な需要に対して、数値を含む明示的な解を提供できることは金融工学の大きな威力である。

各種の便益のなかには、新しい証券や取引のデザインをはじめとして、取引の仲介や処理において発生する直接的な費用を削減することが含まれる。これは金融工学の成果の中でももっともわかりやすくかつ重要な内容でもある。実際、最近の内外の金融・資本市場において、新しい形態の取引が続々と誕生し、一方では従来型の取引が非常に安価で提供されていることは周知のとおりである。さらには、ある種の先端的なビジネスを有利に展開するために効果的であるとされながら設計費用が巨額であるために利用されていなかった、特別なキャッシュフロー[1]・パターンをもつような資金契約があり、

(1) 現金の収入と支出。ここでは、投資に必要な資金とそれから得られる収益。

それらが金融工学の発展により少ない費用で利用可能になったために広範に利用されるようになった例もある。この影響によって、住宅や公共施設の資金調達が円滑に進むという間接的な費用削減効果も現れている。

以下の章でより詳細に述べられるが、資金の契約や取引に付随するキャッシュフローに関して、複雑で多様な発生パターンを需要するのは、成熟した経済の特徴であると同時に不可避の現象である。したがって、それらの実現を可能にする金融工学の貢献は非常に大きいといえよう。概念的には実現可能であるが実現は難しいというキャッシュフロー・パターンを実際に利用可能にするためには、多くの工夫と処理が必要であることはいうまでもない。これこそ金融工学の貢献が明瞭に現れるテーマなのである。

以上のような金融工学の目標を追求するためには、コンピュータの利用が不可欠であることは容易に推察される。しかも、ビジネスの現場で展開する場合には最先端のコンピュータを高度に利用することが求められる。そこで、金融工学の探求分野の中には、各種の数値計算を効率的に遂行するアルゴリズム(2)を開発するというテーマもある。この分野は金融工学でも新しいものであり、コンピュータ・サイエンスや工学の範疇に属する場合も少なくない。

(2) 計算や問題を解決するための手順、方法。

二　金融工学の関連研究分野

金融工学の目的とその特徴から判断して、これまでの進歩を支え、これからの発展を促進するためには、関連諸分野による貢献が必要なことは明らかであろう。ここでは金融工学の学習と研究ならびに応用に関して深い関連をもつ代表的な五つの研究分野を取りあげて、簡単に説明する。

数学

「離散時間・有限状態空間モデル」(3)と呼ばれる証券価格過程モデルを用いた理論を理解するのに必要とされる数学的知識は、線形代数、数理計画法、初等確率論におけるいくつかの概念である。たとえば後の章で展開されるように、二項モデル(4)を用いて派生証券の価格付け問題を解説する場合に用いられる数学は、四則演算の域を出ない。金融工学に用いられる数学的なアイデアの根本は、むしろ単純なものであるといえよう。そのため、教科書によっては「離散時間・有限状態空間モデル」に限って解説してある場合も少なくない。

しかし、ブラック・ショールズ・マートン理論に端を発する「連続時間・無限状態空間モデル」(5)を用いた金融工学理論（具体的には、派生証券(6)の価格付け

(3) 第四章参照。

(4) 第二章六参照。

(5) 第四章参照。

(6) 金や原油などの原資産、株式や債券などの原証券の価格を条件として形成された契約の証券。

をはじめとして、それらのヘッジ[7]問題や最適投資と消費の問題など）は確率過程論等のかなり高度な数学的知識を用いて展開されている。そのため、ランダムな動きをする過程（確率過程）に関する、確率解析（stochastic calculus）と呼ばれる「微積分学」の準備が必要となる。

統計学

金融工学において理論の実証を試みる場合、計量経済学において経済データを数量的に捉えて分析する場合と同様に、統計学は必須の道具となる。数理的なモデルの実用化を試みる場合は、モデルのパラメータ[8]を推定するために統計的推定論が必要になり、その妥当性を検討するためには仮説検定論が必要になる。

他にも回帰分析、モデル選択論など金融工学が利用する統計理論は多岐にわたっている。

コンピュータ・サイエンス

証券市場の理論的モデルを構成したうえで、市場データを用いてモデルのパラメータを推定し、コンピュータ上で「動かして」シミュレーションを行う。その結果に基づいて理論の有効性・妥当性を確認し実用へ移行する、と

（7）商品・株式・外国為替等のリスクを伴う取引において、リスクを軽減したり回避するための取引方法。

（8）モデルを構成する変数にかかる係数や母数。

いうのが金融工学における一つのサイクルである。実際、金融機関では保有ポートフォリオ[9]の最適化やリスク管理などの開発作業を、このようなステップを踏んで行っている。それぞれのステップは莫大な計算量を含んでおり、それらはコンピュータを駆使することによって初めて可能になったのである。理論価格の計算やパラメータ推定のアルゴリズム、ならびに最適化計算などには数値解析学の種々の理論が活用されており、莫大なデータの収集・管理にはネットワーク、データベース、データマイニング[10]の理論が用いられている。

したがって、特に実務家として金融工学に携わる人びとにとって、コンピュータを「手足のように」活用できる能力が重要であることは間違いない。さらには、右に掲げた理論に加えていくつかのプログラミング言語を習得していることが望ましい。

経済学

金融工学の学習を始めるためには、前もって入門レベルの金融経済学を学んでおくことが望ましい。金融経済学の入門書[11]はそれほど多くないが、通常「ファイナンス」として分類されている。標準的な構成は、金融・資本市場の機能をマクロ経済との関連で概説したあと、投資理論と企業財務論を説明することになる。そこでは金融工学が中心的に扱う資産価格理論はごく簡単な

(9) 経済主体（企業・個人）が所有する各種の金融資産の組み合わせ。

(10) 大量に蓄積された未加工のデータの中に存在する、ある傾向や相関関係などの情報を見つけ出すための技法・手法。

(11) 『現代ファイナンス論（改訂版）』ボディー・マートン（大前恵一郎翻訳）（ピアソン・エデュケーション、二〇〇一年）、『現代ファイナンス理論入門』仁科一彦（中央経済社、一九九七年）がある。

導入部分だけで済まされることが多い。

金融工学を大学院の修士レベルで学習し、その分野の専門家をめざす場合や、さらに上級コースに進んで研究者になる計画の場合は、上級の金融経済学を学ぶ必要がある。この水準の文献はほとんど海外の書物に頼らざるを得ない。主に欧米の上級コース向けに出版された書物を読み、均衡理論(12)を幹にして構成されている理論体系を理解しておかなければならない。

もし読者が大学の文系もしくは理系の学部において標準的なマクロ経済学とミクロ経済学（できれば金融論も）を学んでいれば、あらためて金融経済学の入門書を読む必要はないであろう。金融工学を学ぶプロセスで必要に応じて金融経済学の書物を開けばよいと思われる。

(12) 市場メカニズムを前提にして、取引される資産の価格形成を分析する理論。

経営学

金融工学の学習を始めるためにあらかじめ経営学を学んでおく必要はない。しかし大学院の修士レベルで金融工学を学習して専門家をめざす場合は、経営学に含まれるいくつかの分野についてある程度の関心や知識をもつことが望ましい。たとえば、現代企業の先端的な行動を分析する戦略論や、金融行動論は金融工学の成果に対する需要を知るためにも意味があると考えられる。

さらに、会計学や財務管理論のような、会計や経理の制度を扱う伝統的な分野についても必要に応じて知識を蓄積しておく必要がある。なぜなら、それらは金融工学のテーマに対して制約条件となったり、逆にその制約を克服することが動機になって金融工学の成果が発生することがあるからである。この典型的な例は税制度にみることができる。金融取引に対する課税は各国で時代とともに大きく変化しており、常に修正や変更が加えられている。それらを正確に把握しておくことが金融工学の成果を応用するために必須の条件であることは明らかであろう。一方では、金融工学の成果を利用して、非整合的な税制や、先端的な取引に対応できていない税制の欠陥を発見したり、それらをビジネス機会に取り入れることも可能である。

三　金融工学を発展させる人びと

金融工学はこれまで多くの人びとの貢献によって発展してきた。体系の幹となる部分が大学をはじめとするさまざまな機関の研究者によって支えられてきたことは間違いない。すでに強調したように、金融工学は金融経済学と多くの部分で目的を共有するものであり、その基礎を金融経済学の理論に置くことを考え合わせれば、そのような推移はむしろ当然であると思われる。しかしこれからの発展を展望するとき、これまでより広範な専門家の参画が予想され、より多様な貢献が期待されると考えられる。以下ではそのような専門家グループについて簡単に触れておく。

研究者

大学をはじめとして、政府や民間の研究所さらには企業の研究部門には、金融工学をおもな領域にする研究者が急増している。現在の理論体系が依拠する前提を、より現実に近い内容にする試みはもとより、多様化や具体化する方向で激しい競争をしている。あるいは、金融工学の適応範囲そのものを拡大して積極的な活用を図る方向もある。たとえばこれまではほとんど金融ビジネスのみで利用されていたオプション[13]の理論を、設備投資プロジェクトの評価や公共部門の資金調達計画に応用することも試みられている。

一方では、これまで蓄積された多くの成果について、より厳密に再検討して不明確な部分を克服することも重要である。金融経済学が理論的帰結を重視するために、いわば都合のよい仮定を設けたうえで展開してきた内容を数学的に精査することは、基幹をなす命題の本質を理解するためのみならず、将来のさらなる発展を支えるためにも非常に重要なテーマである。

これらの目標に向かって多くの研究者が競争することが金融工学の発展を促進することになるはずであり、中心的な担い手がこれからも研究者の集団

(13) 第三章参照。

であることは変わらないと思われる。あえてこれまでと異なる様相になる可能性を探れば、研究集団の構成が一層多様になり、専門分野が多岐にわたることが予想される。

ビジネスの専門家

ここでの専門家とは、金融機関や一般事業会社において金融工学の成果を利用する人びとを意味し、それらの組織において金融工学の分析や開発に携わる人びとは前述の研究者に含める。近年における金融工学の発展をみると、大学をはじめとする研究機関に属する研究者のみならず、ビジネス界に籍を置く人びとによる貢献が非常に大きい。それらの人びとは形式的にはビジネスの専門家であるが、実質的には研究者と同じ役割を果たしていることを勘案して、研究者に含めるのである。

金融機関や一般事業会社の財務部門には、先端的な金融工学の成果を縦横に利用する専門家が少なくない。彼らは文字どおりビジネスのために金融工学の成果を最大限に利用しているであり、いわば金融工学のユーザーに徹しているともいえよう。ユーザーは研究者のように金融工学の高度化や開発に直接貢献することは少ないが、以下の二点で間接的に大きな役割を担っている。

第一は、金融工学の成果を利用するためにユーザーは対価を支払う。このとき、契約や取引に関して受け取るサービスの内容に対して、支払う対価が合理的であるか否かを検討するのはユーザーとして当然の責務である。そのためには供給されるサービスについて、正確な知識と評価能力を有していることが要求される。すなわち、ユーザーは金融工学の成果を反映したサービスを購入する消費者なのであり、賢明な消費者であることが金融工学の発展に好ましい影響を与えることは容易に推察される。これはあたかも通常の財やサービスの市場において、賢明な消費者の合理的な行動が、供給者である企業の競争と革新を促進するのと同じ意味をもつのである。

第二は、金融工学の研究を刺激して、新しい方向を示唆する情報の多くがビジネス界から発せられるという事実である。ユーザーは新しい需要の創出者であり、開発に携わる者が常にユーザーの動向を注視するのは、金融工学の応用に限らずいかなる財やサービスの市場においても変わることはない。したがって、ユーザーからのより高度な要求に対応することが金融工学の発展を促進することも少なくない。さらに、すでに指摘したように、そのような応用が基礎理論の精緻化や拡充につながる可能性もおおいにありうるのである。

行政官僚

本章の冒頭で解説した金融工学の目的を、金融・資本市場が本来の機能を発揮するために役立つ仕組みを提供することである、と捉えることもできる。この目的を直接の使命とするのが金融・資本市場に関わる行政官僚である。彼らは国民経済的な観点から、金融・資本市場の構造や運営に関するルールを策定し、市場が正常な機能を維持するように日々管理している。そうした業務にとって、金融工学の成果はもっとも重要な観察対象であると同時に、その本質を正確に把握しなければならない対象でもある。そのためには行政官僚が金融工学の成果を正確に理解して、的確な評価をすることが求められる。

金融・資本市場の管理が適切に行われることは、金融工学の発展にとって非常に重要な条件である。金融工学の成果に対する歪んだ解釈や、偏った判断があれば、開発のインセンティブをそぐことは疑いない。逆に、行政官僚の理解と支持は明らかに開発を刺激するであろう。すなわち、金融・資本市場の管理者は、金融工学の成果を正しく理解して発展を側面から支えなくてはならないのであり、決して阻害してはならないのである。

同様に、特にビジネス界における金融工学の応用において指摘されることであるが、利益追求を目的にした金融工学の応用が常に望ましい形態をとるとはかぎらない。国民経済的な観点から見て、望ましくない要素を含んでいたり、悪用の懸念がある場合には、軌道修正を図ることも必要である。それは間接的に金融工学の発展に寄与することになるはずである。そのためにも、行政官僚による金融工学の適切な理解が不可欠である。

アメリカでは、SEC（証券取引委員会：Securities Exchange Commission）やFASB（米国財務会計基準審議会：Financial Accounting Standard Board）の機関が右記の役割を果たしており、数千人の行政官僚で金融・資本市場の正常な機能を維持する体制にある。彼らの金融工学に対する理解が高度であり、アメリカの金融工学の発展に貢献していることについては異論がないであろう。わが国でも近年金融庁の独立にともない、多くの行政官僚が金融・資本市場の管理と発展に積極的に取り組み、金融工学に関しても正確な理解を示していることは歓迎すべきことである。

第二章　金融工学の歴史

金融工学の起源と言われるバシェリエの驚くべき論文からおよそ百年、あるいは現代投資理論の起点と位置づけられる、ポートフォリオ選択に対する平均・分散アプローチに関するマルコヴィッツによる研究からおよそ五十年の時を経ているが、金融工学という研究分野が社会的・学術的に認知されて、たかだか十余年を数えるにすぎない。しかしながら、ここ数年、国内外を通じての、金融工学への一般的・専門的関心の高まりはすさまじく、驚くほど多くの啓蒙書・一般書・専門書が出版されるに至っている。また、金融工学に関連する学会の発足、学会誌・論文誌の創刊も相次いでいる。

本章では、金融工学の分野でのおびただしい論文の中から、エポック・メーキングな論文のみを選んで年代順に紹介し、その歴史を振り返ることにしよう。

一　一九〇〇年　バシェリエ：ブラウン運動

バシェリエは、初めてブラウン運動の数理・計量モデル化を試みた。ブラウン運動の名は、スコットランド人の植物学者ブラウンが液体の中の小さな粒子のランダムな動きを発見し、観察したことに由来する。彼は、一九〇〇年に、株価の変動をブラウン運動によって記述し、その時代では一般にはほとんど馴染みのない、オプション契約の価格付けのためのモデルを構築した[1]。彼の論文には、その後の研究の多くのアイデアを含んでいたが、存命中に評価されることはほとんどなく、その後も、近年に至るまでまったく省みられることがなかった。

一方、ブラウン運動の数学理論は、相対性理論で一般的にも有名で、一九二一年にはノーベル物理学賞を受賞した天才物理学者アインシュタインによって再検討された[2]。さらに、天才数学者のウィーナーはブラウン運動のためのより厳密な数学理論を構築したが、それは後に彼が提唱するサイバネティックス[3]において重要な役割を果たした[4]。彼の数学的貢献から、ブラウン運動はウィーナー過程と呼ばれることも多い。彼の理論は、何十年もの時を経た現在、金融工学における金融資産価格・金融変数の変動過程のモデル化において、必要不可欠なしくみを提供している。

(1) Bachelier, L. (1995), *Theorie de la Speculation*, Jacques Gabay.

(2) Einstein, A. (1905), On the movement of small particles suspended in stationary liquid demanded by the molecular-kinetic theory of heat, *Ann. Physik*, 17.

(3) (人間を含む) 生物、機械などのシステムにおける通信・制御の諸問題を統一的・総合的に取り扱う学問分野。ギリシャ語の舵手を意味する言葉にちなんで命名された。

(4) Wiener, N. (1923), Differential space, *Journal of Mathematics and Physics*, 58, 131-174.

二　一九五〇年代　サミュエルソン：幾何ブラウン運動

サミュエルソンはミクロ経済学、マクロ経済学の両分野の数学的基礎付けにおいて多大な貢献をし、一九七〇年には米国人として初めてノーベル経済学賞を受賞した。彼は、バシェリエの論文を再発見し、後のオプション価格付け理論の基礎となるアイデアを得た。しかしながら、バシェリエとは異なり、株式の価格過程としては、その値が負の値をとらないよう、ブラウン運動の値を指数関数で変換した幾何ブラウン運動を提案している。これは現在、金融工学において、株式などの金融資産の価格変動を記述する基本的標準モデルとなっている。彼のデリバティブ[5]の価格付けは、ブラック・ショールズのオプション価格公式を起点とする（無）裁定価格付け理論で適用される（原資産の相対価格をマルチンゲール[6]にする）人為的なリスク中立確率測度のもとでの期待値による価値評価とは異なり、実際に市場の原資産価格の変動を支配する自然な確率測度（市場の確率測度）のもとでの期待値によって価値評価するアプローチであった[7]。

（5）先物、先渡し、オプション、スワップなどの比較的新しい金融資産（・証券・契約・商品）を指す。債券、株式、金利、為替など本来の金融資産（原資産）の売買・受渡しに関する義務・権利に関わるもので、その価格・価値が原資産の価格・価値の変動に依存することに由来して、デリバティブ、あるいは金融派生資産（・証券・契約・商品）と呼ばれる。

（6）本章注（28）参照。

（7）Samuelson, P. (1955), Brownian motion in the stock market, Unpublished paper.

（8）第一章注（9）参照。

三　一九五二年　マルコヴィッツ：平均・分散アプローチ

マルコヴィッツは、ポートフォリオ選択問題[8]に対して、初めて現代的な数理・計量的方法論を提案した。ポートフォリオ選択理論では、株式等の不確実な収益を生む複数の金融資産から、いかにポートフォリオを構築すれば（すなわち、それらの投資対象に対して、制約のある投資資本をどのように分散して投資すれば）投資家にとって望ましい収益特性をもつ投資を行うことができるかを問題とする。マルコヴィッツは、その当時、理論・計算の両面で整備されつつあった非線形計画法・制約条件付き極値問題[9]での研究成果を背景として、ポートフォリオ選択問題を、線形な等式・不等式の制約のもとで凸の二次関数[10]を最小化する、いわゆる二次計画問題に定式化した。より具体的には、不確実な投資収益の「リスク」[11]尺度として、その分散、あるいは標準偏差を採用し、「リターン」尺度を平均収益率で定義したうえで、リターンには投資家の要求するある水準を保証しつつ、そのリスクを最小化するポートフォリオを求める問題に定式化することで、リスクとリターンという両立し得ない評価尺度をバランスよく満たすことを考えた[12]。彼によるポートフォリオ選択問題の定式化は、現在、平均・分散アプローチと呼ばれている。この定式化に基づいたうえでさらに、投資家は、より高いリターンとより小さいリスクを

(9) 複数の決定変数の（一般的には非線形の）関数（群）を用いて表現された所与の制約条件のもとで、やはりそれらの（一般的には非線形の）関数によって表現された所与の目的関数を最小化、あるいは最大化する問題［制約条件付き極値問題］に対して、その解（最適解）を解析的・数値的に求めたり、特徴付けたりする方法論［非線形計画法］。

(10) 複数の変数の二次形式（と一次形式の和）によって表現される関数で、そのグラフ上の任意の二点を結んだ線分が、そのグラフの上側に位置するという性質（凸性）をもつもの。

(11) 一般的には多義的に用いられる。金融工学においては、金融資産（からなるポートフォリオ）の将来における不確実な、つまり前もっては完全には予測することのできない価格・価値（の変動）に関して、望ましくない事態が実現する可能性に起因するもの。

(12) Markowitz, H. (1959), *Portfolio Selection: Efficient Diversification of Investment*, John Wiley.

選好するものとすれば、考慮の対象となるポートフォリオは効率的ポートフォリオ、すなわち、同じリターンをもつものの中ではリスクを最小化するもの、また同じリスクをもつものの中ではリターンを最大化するものに限定してよい。さらに、銀行預金あるいは国債のようなリスクのない投資対象（無リスク資産）の存在を仮定し、その貸し出し利子率と借り入れ利子率が共通で、それへの投資額には制限がないとすれば、問題は接点ポートフォリオ[13]と呼ばれるリスク資産（ファンド）と無リスク資産とへの投資配分のみを決定することに帰着されることを主張する、一ファンド分離定理が導かれるなど、きわめて明快な諸結果を得ることができる。収益率がその平均を越えた場合の偏差をも望ましくない事態ととらえる分散という特性量が、リスク尺度として適切か否かについては、当時から期待効用理論との整合性の問題などからも批判され、現在まで、リスク尺度に関して、さまざまな改良・修正・拡張版が提案されてきている。しかし、理論上あるいはコンピュータでの数値計算上の扱いの容易さから、いまなお理論・実務両面での基本的標準モデルとなっている。マルコヴィッツの平均・分散アプローチに従えば、現在のコンピュータの性能をもってすれば、投資対象が数千に及ぶ超大規模なポートフォリオ選択問題をも取り扱うことができるが、当時のコンピュータの性能では、実際の問題を解くには到底至らず、一九八〇年代に至るまで、実務において

（13）各資産とそれらのポートフォリオの収益率の平均（リターン）と標準偏差（リスク）の対をプロットした、いわゆるリターン・リスク平面上において、リスク資産のみから構成されるポートフォリオによって実現可能なリターンとリスクの対のすべてからなる集合・図形に対して、同平面上にある無リスク資産に対応する点を通る接線を引いた際の接点に対応するポートフォリオ。

平均・分散アプローチが表舞台に立つことはなかった。また、問題の定式化には、投資対象となる資産の収益率の分散・共分散行列[14]を推定する必要があるが、これは資産数をNとすれば、N(N+1)/2個のパラメータを同時に推定することになり、資産数Nが大きいと、新鮮な実収益率データから統計的に信頼できる推定値を得ることは非常に困難であり、後に、平均・分散アプローチを基礎としてシャープらにより導出された均衡モデルを経済学的根拠とするシングル・ファクター・モデル、あるいは、その拡張・一般化である、マルチ・ファクター・モデル等の株価モデルの出現を待つことになる。マルコヴィッツが、一九九〇年になってシャープとともにノーベル経済学賞を受賞するに至ったのは、このような背景による。

四　一九六三年　シャープ、リントナー、モッシン：資本資産価格付けモデルCAPM

市場の投資家の行動原理としてマルコヴィッツによる平均・分散アプローチを仮定して、スタンフォード大学のシャープ、ハーバード大学のリントナー、ノルウェーの経済学者モッシンらは、それぞれリスク資産の適正な価格を評価するための非常に単純な均衡モデルである資本資産価格付けモデルC

(14) 二つの資産の対ごとに定まる共分散（あるいは分散）のすべてを行列の形式に配置したもの。

APM（Capital Asset Pricing Model）を創案した(15)。市場に参加するすべての投資家が、資産の収益率に対して、共通の予想・期待、すなわち確率的評価（平均、分散・共分散の評価）をもち、また平均・分散アプローチが仮定する選好をもつならば、効率的ポートフォリオのうちのいずれかを選択し、それは、接点ポートフォリオ（ファンド）と無リスク資産との組み合わせとなるはずである。もちろん、投資家個々のリスクに対する態度の相違により、それらへの投資比率は異なってよい。しかしながら、すべての投資家の構築するポートフォリオに含まれるリスク資産を集計すれば、市場に存在するリスク資産全体となるはずであるから、接点ポートフォリオは、まさに市場に存在するリスク資産のすべてからなるポートフォリオに他ならない。この解釈のもとで、接点ポートフォリオは市場ポートフォリオと呼ばれる。この帰結に基づけば、個々のリスク資産の期待超過収益率（期待収益率から無リスク利子率を差し引いた値）は、市場ポートフォリオの期待超過収益率と比例関係をもち、その比例定数（ベータ）は、当該資産と市場ポートフォリオの収益率間の共分散の定数（市場ポートフォリオの収益率の分散の逆数）倍となることが導かれる。この経済学的根拠を背景に、個々の資産の収益率が市場ポートフォリオの収益率に比例する部分と、それとは無相関な部分に分解できるとした株価収益率のモデルが、シングル・ファクター・モデルである。このモデルを用いれば、逆

(15) Sharpe, W.F.(1985), *Investments*, Prentice Hall.
Mossin, J.(1966), Equilibrium in a capital asset market, *Econometrica*, 34, 768-783.
Lintner, J.(1965), Security, prices, risk, and maximal gains from diversification, *Journal of Finance*, 20, 587-615.

に、平均・分散アプローチによるポートフォリオ選択問題に現れる、推定すべきパラメータを著しく減少させることができ、その結果、マルコヴィッツによる貢献に対する投資実務上の評価は高まった。

五　一九七三年　ブラック・ショールズ・マートン：オプションの（無）裁定価格

ブラック、ショールズ、マートンらは、オプションに対する、いわゆるブラック・ショールズの価格公式を導出、それらは一九七三年に別々の論文として公刊された[16]。ちょうどその年には、シカゴ・オプション取引所においてコール・オプション[17]の取引きが開始され、金融工学にとって記念すべき重要な年となった。彼らのうち、ショールズとマートンは、前記の貢献から一九九七年にノーベル経済学賞を受賞したが、残念ながらブラックは、その直前の一九九五年に他界していた。彼らの受賞が、現在の金融工学ブームの起爆剤になったことは疑いのないところである。その頃、ショールズとマートンはＬＴＣＭ（Long-Term Capital Management）というヘッジファンド[18]の経営に参画していたが、受賞一年後の一九九八年に、ロシアの通貨危機をきっかけに経営破綻するのみならず、世界経済をも危うく恐慌の危機に陥れる事態を招

（16） Black, F. and Scholes, M.（1973）, The pricing of options and corporate liabilities, *Journal of Political Economy*, 81, 637-659
　Merton, R.C.（1973）, Theory of rational option pricing, *Bell Journal of Economics and Management Science*, 4, 141-183.

（17） 第三章注（1）参照。

（18） 個人投資家・機関投資家から私募の形で集めた資金を運用する、主に米国に存在する金融機関。あまり規制を受けないため、先物、オプションなどのデリバティブを駆使したりすることで、高いリターンを追求するのが特徴。

いた。

ブラック・ショールズ・マートンモデルでは、サミュエルソンと同様、原資産の価格変動として幾何ブラウン運動を仮定し、それに書かれたオプションの価値・価格が原資産の価格と関数関係をもつと想定して、原資産とそのオプションからなるポートフォリオの価値が従う確率微分方程式を、伊藤の公式[19]を用いて導き、無裁定条件[20]から、オプションの価格付け関数が満たすべき偏微分方程式を導いた。これが、いわゆる、ブラック・ショールズ偏微分方程式で、物理学に現れる放物型の偏微分方程式である熱伝導方程式の一種である。

ブラック・ショールズ・マートンらの画期的な研究以来、確率解析[21]、とりわけ日本が誇る数学者の伊藤清が創案した確率積分、確率微分方程式に基づく伊藤解析は、金融工学において必要不可欠な数学的枠組みとなっている。デリバティブの価格付けにおいては、まず、原資産の価格過程を伊藤の確率微分方程式で記述し、(無裁定条件のもとで、その存在が保証される) リスク中立確率測度のもとで、デリバティブのペイオフ[22]を定める特性量の従う確率分布を求める。あるいは伊藤の公式を用いて、デリバティブの価格・価値、特性量などの時間的変化を記述する確率微分方程式を導出する。伊藤の補題として有名な命題において導出された伊藤の公式は、伊藤過程、すなわち伊藤の

(19) 通常の (確定的な) 微積分において、連鎖則 (チェイン・ルール) として知られる合成関数に対する微分の公式の確率的な微積分版とも言える公式。後述の説明を参照。

(20)「損失を被るリスクを何ら負うことなく、場合によっては利潤をもたらすような投資機会」として定義される裁定機会は、(効率的な) 市場には存在しないとの仮定。

(21) 第四章三参照。

(22) デリバティブの満期・決済日において発生する損益。

確率微分方程式で記述される原確率過程に対して、状態が各時点ごとに、それとは関数関係をもつ他の確率過程が、やはり伊藤過程となることを示し、さらにその明示的な表現を与えるものであった[23]。

右記のブラック・ショールズのオプション価格公式の導出などは、伊藤の公式の直接的な応用といえる。

六　一九七九年　コックス、ロス、ルビンスタイン：二項モデル

ブラック・ショールズ・マートンモデルに基づくオプション価格分析においては確率解析が援用されたが、その理論展開は、数学、物理学、数理工学、数理経済学などを専門分野として確率解析に慣れ親しんでいる者以外にとっては、十分に理解することは困難といわざるをえない。現在では、それらの専門分野を背景とする人たちが、金融・証券・保険の実務に携わることもまったく珍しくはなくなったが、当初はそのような状況ではなかった。コックス、ロス、ルビンスタインは、ブラウン運動が離散時間[24]のランダム・ウォークの極限となることをアイデアの起点にし、いまやコックス・ロス・ルビンスタインモデル、あるいは二項モデルとして知られる、離散時間の設定での

（23） Ito, K.（1951）, On stochastic differential equations, *Memoirs of the American Mathematical Society*, 4, 1-51

（24） ある単位時間（秒、分、時間、日、週、月、年など）の整数倍の時点のみで、すべての事象が起こるとしたモデル設定。

きわめて単純な資産価格の変動モデルを提案した(25)。これは、毎期たった二通りの収益率のいずれかが起こりうるとするものである。離散時間の場合、確率解析における伊藤の公式といった強力な数学的手段を用いることはできないが、無裁定条件に基づくデリバティブのリスク中立価値評価の本質を、初等的な数学を用いてきわめて明解に理解することができ、またその価格式の極限として、ブラック・ショールズの公式をも理論的に導出することができる。さらには、コックス・ロス・ルビンスタインモデルは、数値計算のためのアルゴリズム的解法に適した基本的な標準モデルでもあり、連続時間の設定では明示的な解の導出が困難なエキゾチック・デリバティブと呼ばれるクラスの複雑なデリバティブの価格評価に対しても、比較的に直接的に、数値計算のためのアルゴリズム的解法の場を提供するので、実用上もきわめて重要である。

七　一九七九—八三年　ハリソン、クレプス、プリスカ：資産価格付けの基本定理

ハリソンとクレプスは、一九七九年にまず離散時間モデルに対して、無裁定条件に基づくデリバティブの価格付けにおける基本原理を、確率論におけ

(25) Cox, J.C., Ross, S., and Rubinstein, M. (1979), Option pricing: a simplified approach, *Journal of Financial Economics*, 7, 229-263.

るマルチンゲール理論を援用して、エレガントに解き明かした。(26) 一九八一、八三年には、ハリソンとプリスカは、連続時間の設定で、同様のアイデアを示した。(27) 彼らはその当時、確率動的計画法や確率制御の理論との応用を共通の研究課題とする、スタンフォード大学における気鋭の研究者たちであった。彼らの得た結果を簡潔にまとめれば、以下のとおりである。

(1) 市場に裁定機会が存在しないための必要十分条件は、市場で取引される資産の（価格を、ある基準となる資産の価格で測った）相対価格の変動過程のすべてをマルチンゲール(28)とする（市場で資産の実際の価格変動を支配する自然な確率測度と等価な）人為的な確率測度（リスク中立確率測度、等価マルチンゲール測度）が存在することである。

(2) また、資産の売買取引戦略をうまく工夫することで、その満期における（不確実な）ペイオフを複製（達成）できるデリバティブの（無）裁定価格、すなわち市場の無裁定条件を破らないという意味での適正価格は、満期でのデリバティブの（不確実な）相対価格の、リスク中立確率測度のもとでの期待値を求めることで評価できる（リスク中立価値評価法）。

(3) さらに、市場が完備で（十分に多様な資産が取引されており、したがって取引戦略をうまく工夫することで、いかなるデリバティブの満期におけるペイオフも複製（達成）可能で）あるならば、右記の資格を持つ（リスク中立）確率測

(26) Harrison, J.M. and Kreps, D. (1979), Martingales and arbitrage in multiperiod securities markets, *Journal of Economic Theory*, 20, 381-408.

(27) Harrison, J.M. and Pliska, S.R. (1981), Martingales and stochastic integrals in the theory of continuous trading, *Stochastic Processes and Their Applications*, 11, 215-260.
Harrison, J.M. and Pliska, S.R. (1983), A stochastic calculus model of continuous trading: complete markets, *Stochastic Processes and Their Applications*, 15, 313-316.

(28) 将来の任意時点における不確実な状態の期待値が、現在の過程の状態と一致するような確率過程の総称。

度は唯一であり、したがって任意のデリバティブの（無）裁定価格は一意的に定まる。

現在、これらの命題は、資産の（（無）裁定）価格付けにおける基本定理として広く知られている。その後、これらの結果は、確率論・確率解析を専門・背景とする数学者の参入により、より一般的・抽象的な設定のもとで考察・研究され、より拡張・統一化された結果が得られてきている。

八　一九九二年　ヒース、ジャロウ、モートン：金利の期間構造モデル

割引き債[29]（ゼロ・クーポン債）、クーポン債[30]に代表される確定利付き証券[31]の価格付けは、すべての金融資産、契約、デリバティブの価格付けに直接的に関連するため、もっとも重要な位置を占める。しかしながら、ヴァシチェクの論文[32]が発表されるまで、ファイナンス・金融工学において、金利に関連する金融資産、契約、デリバティブの価格付けに関する統一的な枠組みを提供する研究はなかった。ヴァシチェクはまず、スポット・レート[33]（短期金利）を、OU過程（Orustein-Uhlenbeck 過程）と呼ばれる平均回帰的な性質をもつ拡散過程を用いてモデル化し、ブラック・ショールズ偏微分方程式と同様の放物型

(29) 償還日・満期までの途中でのクーポン（利息）払いのない債券。償還日・満期以前には、一般に、償還価格・額面よりも低い価格・価値をもち、したがって、それらの価格差が実質的な利息を表す。割引き債の現在の価格・価値はその満期において発生するキャッシュ・フローの割引き現在価値の評価の基準となる。

(30) クーポン（利息）付きの債権。

(31) 本来の意味では、発行時に、（利息払い、償還価格などの）将来のキャッシュ・フローが確約された証券のこと。国債、地方債、社債などのほとんどが該当する。

(32) Vasicek, O.A.（1977）, An equilibrium characterization of the term structure, *Journal of Financial Economics*, 5, 177-188

(33) 現在からの短期間の貸付け・借入れに設定される（と想定される）金利。

偏微分方程式を導出して、金利デリバティブを評価することを提案した。ここで平均回帰性とは、過程の状態の値が大きいときには減少し、小さいときには増加して、常にある平均的な値へと自らを回帰させる（引き戻す）傾向をもつ性質を意味する。彼のモデルでは、金利が負の値を取りうるという欠点をもっていたため、それを修正すべく、その後多くの研究者によりさまざまなスポット・レート変動モデルが提案された。

ヒース、ジャロウ、モートンは、それらの研究とは異なるアプローチをとった[34]。スポット・レートの変動をモデル化して、それによりイールド・カーブ[35]を導出するのではなく、彼らはイールド・カーブ全体の時間的変動を確率微分方程式の族によってモデル化することを試みた。すなわち、あらゆる満期の割引き債の価格、あるいはフォワード・レート[36]の従う確率微分方程式の定式化から出発した。債券市場で観測される初期時点でのイールド・カーブが、それらの初期条件として与えられることになる。ヒース、ジャロウ、モートンの枠組みは現在、確定利付き証券、金利デリバティブの価格付けにおいて、もっとも有力なアプローチとなっている。

（34） Heath, D., Jarrow, R., and Morton, A.（1992）, Bond pricing and the term structure of interest rates: a new methodology, *Econometrica*, 60, 77-105.

（35） 債券の残存期間と最終利回り（イールド）との関係を表現する曲線。

（36） 将来のある時点からの短期間の貸付け・借入れに設定される（と想定される）金利。

九　準モンテカルロ法

金融工学の発展により、その重要性が再認識された研究分野も少なくない。とりわけ、リスク中立価値評価に必要な期待値計算に関わる数値計算技術である（準）モンテカルロ法・シミュレーションなどが、その代表例である。モンテカルロ法では、互いに独立に区間［0, 1］上の一様分布に従う確率変数列の実現と、統計学的にみなしうる擬似乱数列を活用して、その解析的評価が困難な多重積分などを数値的に近似評価する。一方、準モンテカルロ法では、準乱数列あるいは低ディスクリパンシー数列と呼ばれる、一様性に特化した数列を活用する。一九六〇年代には、多くの研究者が、高次元の多重積分の近似的評価への応用を主たる目標として、整数論に基づいて準乱数列の開発の研究に携わった。その目的は、高次元の空間内の所与の部分集合内に、できるだけ少数で効率的に、点を一様に分布させることにあるが、およそ三十年後、デリバティブのリスク中立価値評価で現れる（多次元空間内の部分集合上の多重積分で表現される）期待値計算において、その真価を発揮する応用の場を見出すことになる。

十　信用リスク

経済的に安定した国の発行する国債とは異なり、社債の場合はデフォルト(37)、あるいはそのリスクに関連した格付けの変化といった、いわゆる信用イベントをモデル化したうえで価格評価を行う必要がある。一九九〇年代になり、そのモデリングに関して多くの研究がなされてきている。資産の（無）裁定価格付けの基本的な標準理論においては、対象とする資産の取引き市場の完備性を仮定して、一意的な価値評価を導出することが多いが、これは対象とする資産の価値に影響を与える不確実性・リスクを、市場で取引可能な資産・契約の適切な運用（売買取引戦略）によって、完全にヘッジできることを意味する。この仮定は、とりわけ信用リスクが内在する金融資産に対しては到底妥当ではなく、未だこの課題を解決する標準モデル・理論は確立されるに至っていないと思われる。

(37) 債務者が債務不履行の状態に陥ること。債券のクーポン（利息）払いが遅延したり、額面通りの償還ができない場合を指す。たとえば、社債を発行した企業が倒産した場合にこのようなことが起こりうる。

十一　非金融資産の価値評価・運用への応用、保険数学との融合

土地・ビルなどの不動産の価値評価、プロジェクトの価値評価、天候デリ

バティブ、エネルギー・デリバティブ、各種保険等の価格付けなど、金融資産・変数以外の資産・契約等の価値評価に対する金融工学の応用に関して、近年大きな関心が寄せられ、活発な研究がなされてきている。金融資産・変数に関するデリバティブズに対する(無)裁定価格理論の基本的な標準理論においては、対象とする資産の取引市場の存在を仮定し、その理想的な流動性、すなわち、任意時点で任意の量の取引が可能であることを仮定するが、これは、前記の非金融資産への適用については到底妥当ではなく、未だ標準となりうる理論を模索しているのが現状である。

第三章　金融工学の経済的意義

一　ファイナンシャル・エンジニアリング

金融工学は英語ではファイナンシャル・エンジニアリングという。エンジニアリングという言葉から思いおこされるように、金融工学は、与えられた「部品」を集めてきてなにか「製品」を作り実用に供するための方法を研究する。次のような例を考えてみよう。

部品の例として、「状態条件付証券」ないし「アロー・デブリュー証券」（以下ＡＤ証券と略す）をとりあげる。ＡＤ証券は、将来のある時点で、定められたある状態が起こった時（そしてその時に限り）一円を支払うという証券である。製品の例として、行使価格が一万円の日経２２５プット・オプション[1]を考える。これは、ある時点の日経平均（２２５種[2]）が一万円以下であったとき、一万円と日経平均との差額分の収入が得られ、日経平均の値が行使価格である一万円以上のときは収入が０である証券である。これは、日経平均という「原証券」の価格に依存してその収入、ひいてはその価値が決まるデリバティ

（1）オプションとは、ある商品（原資産または原証券）をあらかじめ定められた期間（または期日）にあらかじめ定められた価格（権利行使価格）で買ったり、売ったりすることができる権利、あるいは権利そのものを証券として売買できるようにしたものをさす。買う権利のことをコール・オプション、売る権利のことをプット・オプションという。この章では、「日経平均２２５」が原証券にあたる。

ブの一種である。

日経平均がちょうど九九九九円になった時に一円支払われるというAD証券を一枚、日経平均が九九九八円になった時に一円支払われるというAD証券を二枚……日経平均がちょうど0円になった時に一円支払われるというAD証券を一万枚、というように、全部で一万種類のAD証券を5千万五千（＝1＋2＋3＋…＋10,000）枚組み合わせた「束」を考えてみよう。問題としている将来時点がきたとき、このAD証券の「束」は、行使価格が一万円の日経225プット・オプションとまったく同じ収入をもたらすことが、束ね方からすぐ了解されよう。この例は、与えられたAD証券という「部品」を集めてきて、一枚、二枚という組み合わせ方をうまく考えることにより、日経225プット・オプションというデリバティブを「作り出す」ことができることを示している。

金融工学を駆使している現場では、部品も、作り出そうとしている製品も、この例よりずっと複雑である。製品が金融市場で簡単には入手できないから、部品を探し「工夫して作ろう」というのである。作るには、手順が込み入っていてコンピュータを駆使して試行錯誤するしか解法がないような複雑な方程式を解かねばならないことも多い。ロケット・サイエンティストといった、数学やコンピュータ科学に強い人びとが金融工学の現場で活躍しているゆえ

（2）日経平均（225種）は、株価指数の一種である。東京証券取引所に上場されている株式銘柄数（企業の数）は約二千百ある。個々の株価は上がったり下がったりしているから、市場全体の動きをみるために、代表的な株式を225銘柄選び出し、それら株価の（算術）平均を求め、（過去の数値との連続性を保つために）株式数変化の調整を加えたものが、日経平均（225種）である。

ここでは簡単化のため、日経平均は整数値をとるものと仮定する。実際は、225銘柄の株価の平均値を、株式数変化調整などのためある数値で割ったものであるから、小数点以下二桁まで計算されている。

んである。

ただし、基本的な発想は、この例でみたようにシンプルである。与えられたあるものと同じ収益構造をもつものを、部品から合成する方法を考えるということにつきる。

二　裁定機会の不在と価格付け

さて、「あらゆる点でまったく同じ」商品には同じ価格がつくということを、経済学では「一物一価の法則」と呼ぶ。日常生活では、ほとんど同じ商品に違う値段がついていることをよく経験する。たとえば近所の電気屋さんと秋葉原などの電気屋街の店とでは、同じ製品（型番）なのに価格が相当違っていることを、買った後で知ったという経験をした人もいるだろう。経済学では「あらゆる点でまったく同じ」ということを字義どおりに解釈するので、販売時期がいつか（シーズン前だったのか後だったのか）、どれがもっとも評判がいい製品で、こういう使い方にはどれがもっとも適した製品かというアドバイスや情報提供の有無など細かい点が少しでも異なると、違った（サービス付きの）商品とみなす。こうして「商品」の定義を厳密にした場合、「一物一価の法則」は成立していると考えられている。

日経225プット・オプションの例でみたように、金銭によって客観的に測られる証券の収益構造の場合は、二つが厳密に同じかどうかの判定は比較的容易である。すると、一物一価の法則から、一方の価格を利用してもう一方の価格を知るという、「価格付け」が可能となる。先の例では、製品（日経225プット・オプション）の価格を、AD証券の「束」の価格、すなわち使われた部品価格の合計として求めるのである。両者は収入が同じ証券であり、一物一価の法則により、同じ商品には同じ価格がついているはずだからである。

部品価格から製品価格をこのようにしてみつけるという発想は、ターゲットとしている証券が金融市場では取引されておらず、したがって市場価格が不明であるとき威力を発揮する。ある種の取引あるいは商品を市場であまりみかけない理由は、それが特殊なもので市場参加者の大多数は興味を示さないからということがよくある。何らかの事情でその製品を本当に必要としている人が出てきたとき、これをいくらで提供すればよいのかが、先の方法で「計算」できる。こうした証券の「合理的な」価格を計算できるということには、実務上、大きな意義がある。(3)

このように、金融工学における価格付けの研究では、需要や供給といったことはまず出てこない。経済学を少しでもかじった人は、価格は需要と供給が一致するように決まると聞いたはずである。経済学を知らなくても、マー

(3) 製品の作り方（束ね方）を計算するという作業に、コンピュータや数式を使ったことが計算される「合理性」の根拠となっているわけではない。一物一価の法則、すなわち同じ商品には同じ価格がついているはずという「論理」が、ここでの合理性の根拠である。

ケティングと需要予測を重ね、それにみあった生産計画からはじき出される生産コストを考慮して価格をつけるのが普通と思われる向きもあろう。現実には、金融工学を駆使する証券についても、マーケティング上の考慮も十分行うし、コンピュータを使って製品の合成方法を工夫する手間（コスト）や人件費などをまったく無視した価格付けは行われてはいない。[4] しかし、金融工学の研究分野では、需給の一致によって価格が決まるという発想は、そのベースにおかれていない。

その代わり金融工学では、「（無リスク）裁定機会の不在」という条件[5]を重視する。この条件が成立していると、これを利用して証券の価格を求めることができるからである。[6] 詳しくは専門書に譲るが、裁定機会の不在という条件が成立していると、一物一価の法則が成り立つ。裁定機会が不在であるという条件は、平たい言葉で言うと、確実なただ儲けの機会（チャンス）はないということである。同じ商品に違った価格がついているならば、低い価格でこれを買って直ちに高い価格で転売すれば、ぼろい儲けができるように思われる。そうしたうまい話はないはずだというわけである。[7]

（4）この点は、本章の最後で触れる。

（5）第二章注（20）参照。

（6）第四章四では、裁定機会の不在（無裁定条件）とリスク中立確率との関係、リスク中立確率を用いてデリバティブの価格を求める方法が解説される。

（7）一物一価の法則が成立していても、裁定機会の不在という条件はかならずしも成立しない。したがって、裁定機会の不在という条件の方が、制約がきつい条件である。本文中では、一物一価の法則が成立していない状況を描いているので、そうした状況下では裁定機会の不在という条件も成立していないことになる。

三　経済学における価格付けとの関係

さて、証券は金融資産の一種である。[8] 経済学においても、資産や財の価格決定メカニズムを解明することは主要な課題のひとつである。経済学と金融工学との間でみられる価格付け（価格決定メカニズム）に関する発想の違いとその含意を理解するために、経済学の分析枠組みによる（金融）資産価格決定メカニズムを振り返っておこう。

経済学では、財・サービスがどれだけの満足をもたらすかを効用で測る。「まったく同じ財」でも、人によってその効用の大きさ（財がもたらす満足の程度）は違っているのが普通である。人びとはもっとも効用が高くなるようにさまざまな財（ここでは証券）を組み合わせて所有したい、すなわち金融資産配分を実現したいと考える。資産の入手には、一株千二百円といったように価格分の資金が必要となるから、資産価格が与えられていると、各人の資金制約の範囲内で、もっとも効用が高くなるように各資産への需要が生じる。ある一時点では各資産の供給量は固定されているから、すべての主体から生じた需要量の合計と供給量が一致しないと、資産が余ったり足りなかったりする。「均衡」では両者（需給）が一致するように、資産価格が決まる。

より具体的な例として、有名人が使った一点物の「靴」に対する価格決定

（8）日本銀行券（お金）も、ある一瞬には経済に存在している量が固定している「資産」である。証券に限らず商品の価格は○○円と表示されているが、これは「日本銀行券」（貨幣）に対する「相対価格」となっている。金融工学が相対価格を計算するのと同じ土俵に立っていると解釈できる。経済学では「絶対価格」を決める理論もあるが、ここでは省略する。

を考えてみよう。インターネットでも人気のオークションを想定されたい。供給量は一である。靴を欲しいと思う潜在的な需要者はたくさんいて、それが手に入るとどれだけ満足できるかを、「日銀券」の枚数すなわち「価格」で表明する。たとえば五千円ではこの靴を欲しいという人はたくさんいて需要超過であるが、だんだん価格が競りあがっていき、十二万五千円になったところで一人になったとしよう。取引が行われるのは、需要量と供給量が一致する、この「均衡」価格においてである。(9)

この例は、効用（各人の私的評価）についての情報が、その財を手に入れるために支払ってもよいと考えている各人の需要価格に反映され、経済全体の需要量を通じてこれらの情報（経済主体全員の分！）が集約され、「均衡」で成立する価格にはこれらが反映されていることを示している。

以上の準備をもとに、現実の証券価格が金融工学的なメカニズムで決まっていると考えるか、経済学的なメカニズムで決まっていると考えるかによって、「価格」が持っている意味がどう異なるかをみておこう。景気や企業業績などによって得られる収益が違う証券、すなわち収益にリスクのある証券を考えてみよう。経済学による価格付けでは、各経済主体がこれらのリスクを個人的にどう評価するかといった情報が、均衡価格に反映されていると考える。金融工学の場合は、「リスク」ということは一見重要にみえるが、実は本

(9) 価格が競りあがっていく過程で経済全体の需要量が変化するのは、価格があがるとその財を欲しいとは思わなくなる人が増える（五千円なら靴を買ってもいいと思っていた人も、十二万五千円なら別のものを購入した場合の効用の方が高いと考える）からである。

質的な役割を果たさない。「まったく同じ収益構造をもった証券の価格は同じになる」という発想の中では、ひょっとしたら将来の状態によっては二つの証券の収益が違うことが起こりえるかもしれないというリスクは、「まったく同じ」という定義上許されていないからである。金融工学における価格は、すでに価格が与えられた他の証券（部品）から、裁定機会の不在によって定められたものにすぎない。

四　リスクを取引する市場

一般に、将来にはさまざまなリスク（どうなるかわからないという可能性）が潜んでいる。金融工学の発展により価格付けが可能になるまでは、そうしたリスクの取引、すなわち一定の価格を支払う代わりにリスクを避けたいという人と、得られる価格と引き換えにこのリスクを負担してもよいという人とが合意するのは、困難であった。リスクを避けたい人はできるだけ低い価格を希望し、リスクを負担してもよいという人はできるだけ高い価格を望むから、折り合いをつけるためには手間のかかる個別交渉を必要としたからである。類似のリスクが取引されていれば交渉も容易であろうが、当該のリスクが特殊で取引がない場合は参考にすべき市場価格が存在しない。この交渉には莫大なコストがかかり、合意およびそれに基づく取引によってもたらされる効用増加分を上回ってしまうことが予想される。よって、以前は、取引をしない方が望ましいという状態にあったと考えられる。

金融工学の発展はこの状況を一変させた。従来は不可能と思われた種類のリスクに価格を付け、それが「無リスク裁定機会の不在」といった合理的な（あるいは納得のいく）原理に基礎をおいているために、人々がこれを信頼し「市場ができた」といえるほど取引が盛んになったのである。(10) そしてこれらは、リスク回避やリスク管理のために有効に活用されている。(11)

五　不完備市場での経済厚生比較

金融新商品が取引できるようになったということは、経済全体の観点からみてよりよい状態になったといえるのであろうか。よくなったかどうかを判断する基準をまず明らかにしておこう。

経済学では、一個人にとっての判断基準は、満足度すなわち効用水準が上昇したかどうかである。経済全体にとっての判断基準には、パレート効率性を用いる。誰かの効用水準を上げるためには、他の誰かが犠牲にならなければならないような状態にあるとき、経済全体の資源配分はパレート効率的な

(10) 自然現象に関する「真理」「法則」に基づいたいわゆる「技術」一般についても、これを利用するときは、盲目的にこれを過信することなく、相応の注意が必要である。金融工学の場合もまったく同じことがいえるが、この点には立ち入らない。

(11) 価格付けにリスクが本質的な役割を果たさない商品が、リスク管理に活用されているということは、一見矛盾するようにみえるかもしれない。しかし、価格付けの「対象」がさまざまなリスクであることと、価格付けの「方法」にリスクが関与しないこととの間には、何ら論理的な矛盾はない。

状態にある。厚生経済学[12]の基本定理によると、すべての財に市場が存在し、生産関数や効用関数が一定の条件を満たしているならば、市場メカニズムによる資源配分はパレート効率的である。[13]

ここで重要な仮定は、「すべての財に市場が存在する」ということである。これを「完備市場[14]」と呼ぶ。金融工学の発展により、それまで取引されていなかった金融新商品が開発され取引できるようになったということは、逆にそれまでは取引できる市場がなかったということであるから、現実は完備市場ではなかったということ、つまり厚生経済学の基本定理もあてはまっていなかったということを意味する。

ただ、金融新商品が次々と導入されてきた今日においてもなお、取引する市場が存在しない財（証券）も数多く、市場（経済）は不完備な状態にある。その理由のひとつとして、取引を可能にする「場」を整備するために経済資源を必要とすることがあげられる。東京証券取引所での株式取引を思いおこすと、取引所という場所・建物・コンピュータを用意して注文を受け、売買注文から円滑に約定（取引成立）させるしくみ、および、取引成立後に株式と貨幣の交換といった決済を完了させるしくみを機能させるために、物的資源と人的資源がかなりの規模で投入されていることがわかる。市場の提供それ自体が経済活動なのである。市場を提供する主体（人びと、あるいは企業）は、

(12) 厚生経済学は、経済的厚生もしくは経済的福祉の最大化を基準にして、経済機構や経済政策の良否を判断したり、その改善の方法を見出したりすることを課題とする。

もっともよく用いられているパレート効率性基準では、経済厚生を資源配分結果に対する人びとの効用水準で測る。このため公正性、公平性、倫理などの観点は考慮されないが、社会を構成する人びとが誰一人として効用が下がらないことを要件とするので、もっとも弱い判断基準となっている。

資源配分結果だけを考慮するこうした立場は帰結主義と呼ばれている。なお、経済政策など配分プロセスの選択機会のあり方や選択手続きに対しても判断基準を導入しようとする非帰結主義の立場も、近年はさかんに研究されている。

(13) 厚生経済学の基本定理を成立させるための、生産関数と効用関数に関する条件はミクロ経済学の教科書を参照されたい。ここでは、この基本定理が、市場経済による資源配分が望ましいものとする「信念」の基礎を与えてきたことを注意しておく。

市場提供に要した経済資源の投入コストを取引によって回収し、利益をあげようと試みる。その見込みがない「財」については、誰も市場の提供を試みない。取引自体に資源投入を要するとき、市場が不完備であることは原理的に不可避の現象なのである。

金融新商品が取引できるようになってきたのは、この取引機会を提供してきた主体が、「市場提供」と市場での「製品提供」を通じて、利益を得ることができたからである。通常財の場合に新製品で「金儲け」が可能な理由は、新しい市場を開拓し一番乗りすることができたから、あるいは他社が真似しにくい製造技術を使っているので競争相手がいないためということが多い。金融新商品の場合も事情は同じであろう。ただいずれにせよ、供給者ばかりでなく需要者にとっても、証券価格が適切、すなわち、彼女ないし彼が支払ってもよいと考える「需要価格」以下であったから、その証券取引が行われたことに注意されたい。取引は強制されて行うものではないから、市場提供にかかる費用負担を考慮しても、市場が創造されたことで、供給者・需要者とも効用は上昇したものと考えられる。

では、こうした金融新商品の取引に参加しなかった経済主体については、その効用水準は変化しなかったのであろうか。これは、市場が不完備な状況から、不完備の程度は変わるかもしれないが依然として不完備な状態に移行

(14) すべての財・証券について、コストをかけることなく自由に取引（売買）できる市場があること。なお、時間間隔が離散の多期間モデルおよび連続時間モデルが定式化される第四章以降では、完備市場について、これらモデルの舞台設定を用いて表現される、より具体的な内容が仮定される。すなわち、あらゆる種類の状態条件付請求権（ＡＤ証券）そのものが取引できること、あるいは、証券取引を繰返して行うことでＡＤ証券の収益を事実上実現できるような、複製取引戦略が存在することなどの仮定である。

したときに、経済全体の観点からみてパレート的な効率改善がもたらされたかどうかという問題である。[15] この場合、必ずしもパレート効率性が改善するとは限らない。その理由は、新しい財が出現すると、その他の財の価格も変化する可能性があるためである。ある種の「リスク」をより効率的に（少ない資源投入により）回避できる新商品が開発されたとしよう。そのリスクを回避するために従来有効であった商品の価格は下がり、新商品は、従来商品の所有者や生産者の効用を下げるであろう。効用が上昇する人びと（新商品の取引当事者）から効用が下がる人びとへ何らかの方法で所得を移転し、新商品の導入前より効用が下がる人がいなくなるようにできないだろうか。もしこうした所得移転が実現できれば、この金融新商品は経済厚生を高めた（パレート的な効率改善となった）ことになる。実際は、所得移転手続きそのものにコストがかかるうえ、そうした所得移転が可能かどうかすら、すぐにはどちらともいえないことが多い。

エネルギー源の主力が石炭から石油に変わって久しい。石炭産業に従事してきた人びとや企業にとってあまり望ましくない変化であったことは想像に難くないが、石油がエネルギー以外の用途にも広範に利用されてきた現在から判断すると、経済全体としては良くなったといえるであろう。金融工学の発展が作り出してきた市場を経済全体としてどう評価するのかという問題は、

(15) 不完備市場ではここで述べるように経済厚生比較が困難になるほか、金融工学のモデル構築もチャレンジングなものとなる。第四章五、第五章一、二などを参照。

これとまったく同じ構造をもつ。判断には時間を要するのである。

六　「市場」の価格とは

最後に、証券の価格設定の問題をやや実際的な見地から考えておこう。仮に読者が裁定機会の不在という原理から、ある証券Yの価格は一枚一万円と算定したとしよう。このことは、読者がこのYとまったく同じ収益構造をもたらす既存証券の組み合わせ方を見つけ出し、それら証券価格の合計が一枚一万円ということを意味する。さてこの証券Yについて、価格が一枚十万円までなら買いたいという顧客がいた場合、読者ならいくらと値段を掲げるであろうか。

コンピュータでシミュレーションをするなど、価格算定作業に五十万円の費用がかかったと仮定しよう。この客は一枚十万円でYを何枚買ってくれるのか。五枚なら赤字だ。一枚六万円に下げると購入枚数を増やすだろうか。十枚買ってくれればその販売代金六十万円で、「部品」証券の費用十万円と価格算定費用の五十万円をあわせた総コストをまかなえる。他に証券Yを買いたいという顧客はいないだろうか。いい販売員を雇ってセールスに出せば潜在需要を掘り起こし、三百枚ぐらいは売れるのではないか。ただあまり高い価格で販売していると、同業者が組み合わせ方発見の費用を払って参入してきて、価格競争に陥ってしまう心配がある。いっそのこと、インターネット・オークションの「市場」を立ち上げた方が、販売員を雇うより売り上げが増え、諸費用を節約できるのではないか。

現実の価格付けにおいては、こうした経済学あるいは経営学上の要素を考慮しなければならないし、実際の価格にはこれらが反映されていると考えられる。ただいかなる場合でも、金融工学によって計算される証券価格がすべての出発点となっていることは、いうまでもない。

以上をまとめておこう。金融工学の原理自体は直感的な理解が可能である。第四章以降は、確率解析をはじめとした数学ツールの紹介と金融工学で用いられるモデルの解説が試みられる。実務的な応用の現場、特に商品開発や価格付けを行っている部署では、これらの理解が必須となっている。ただ、これらとあわせて、金融工学以外の知識も大いに活用されていることを忘れてはならない。

第四章　金融工学の数学的基礎

一　ブラック・ショールズ・マートン理論（離散時間モデル）

第三章で解説した金融工学の基本的な考え方である裁定機会の不在・完備市場の概念を、数式を使い説明してみよう。ファイナンスでは、従来から株、債権等の売買に際して、リスク回避（ヘッジ）の目的で、将来のある時点であらかじめ約束した価格で売り買いするという契約があったが、この契約に対してどのような価格を付ければよいかという問題は容易には解決できなかった。この問題に対してひとつの明快な解答をあたえたのがブラックとショールズ（一九七三年）であった。さらにマートンはこの理論の重要な拡張をした。彼らは最初から連続時間のモデルを作り、いわゆる確率解析と呼ばれる数学理論をこのモデルに適用し、この価格公式を導いた。一方、シャープは初等数学のみを使いこの理論の背景を説明した。この理論を説明しよう。

ある投資家が当初A社の株をX円購入し、B銀行へY円の貯金をしたとする。一年後には、A社の株はQ_1またはQ_2の率で変化するとし、貯金の利率はRとする。このときオプションを、株の変化率がQ_1のときはV_1円、変化率がQ_2のときはV_2円で株が売れる権利とする。このときX、Yを式［1.1］（以下、式番号は［ ］で表す）が成立するように決める。このときオプションの価格を$X+Y$で定めなければ、投資家か、このオプションを振り出した金融機関のいずれかが必ず利益を得ることになる。したがってオプションの現在の価格は$X+Y$であたえるのが合理的である（裁定機会の不在）[1]。ここで、RはQ_1とQ_2の間にあるとしてよい。なぜなら、たとえばもしRがQ_1、Q_2のどちらよりも大きければ、投資家は株を買わずに貯金をするだろう。逆にRがQ_1、Q_2のどちらよりも小さければ、貯金することは誰も考えないだろう。RがQ_1とQ_2の間にあるとき、P_1、P_2は正の数になりその和が1になる。そこで、株の変化率がQ_1になる確率をP_1、変化率がQ_2になる確率をP_2と考えれば右のオプション価格公式はオプションの価値を貯金の［利率＋1］で割り引いたものの平均値（期待値）とも思える。この確率P_1、P_2をこの市場（A社の株とB銀行の貯金）のリスク中立確率という。対象にする証券の数と安全資産の和をNとし、証券の変化の可能性の組み合わせの数Kも一般のときは、もしNがKより大きいなら［1.1］に相当する連立方程式は未知数の数が方程式の数より多くなり一般には解けない。市場が完備で無裁定機会のときはリスク中立確率がただ一つ存在し、オプションの価値を貯金の［利率＋1］で

（1）第二章注（20）参照。

$$[1.1]\quad \begin{cases}(1+Q_1)X+(1+R)Y=V_1\\(1+Q_2)X+(1+R)Y=V_2\end{cases}$$

$$\Rightarrow$$

$$X+Y=V_1(1+R)^{-1}P_1+V_2(1+R)^{-1}P_2$$

オプション価格公式

ただし $P_1=\dfrac{Q_2-R}{Q_2-Q_1}$，$P_2=\dfrac{R-Q_1}{Q_2-Q_1}$

図1

割り引いたものの平均値であたえられることが分かっている。ここで注意して欲しいのは、このリスク中立確率は実際の株価の変化とは何の関係もないということである。たとえば、過去の統計を基にして一年後の株価の可能性を、ある確率で予想したものとは無関係である。以上がオプション価格付けの一期間モデルである。

多期間モデルについても一期間モデルが基本となる。それ以降はオプションの対象としないという時刻を T とする。この場合の要点は最後の時刻 T から逆算していくということである。簡単のため T は2、つまり二期間モデルを説明する。証券（株）の数は1とし、ある期間から次の期間に株価が変化する可能性の数は、やはり2と仮定する。簡単のために第二期間での株の変化率は始めの期間と同じ Q_1 と Q_2 とするが、この値は異なっても議論の仕方は同じである。

株価の変化は図2のようになるが、いまの場合、時刻2では S_{12} と S_{21} は値が同じになる。時刻2までに起こる可能性の数は4である。オプションにはこのそれぞれの場合に対して、時刻2での価値 V_{11}、V_{12}、V_{21}、V_{22} があたえられているとする。時刻1で、株価が S_1、

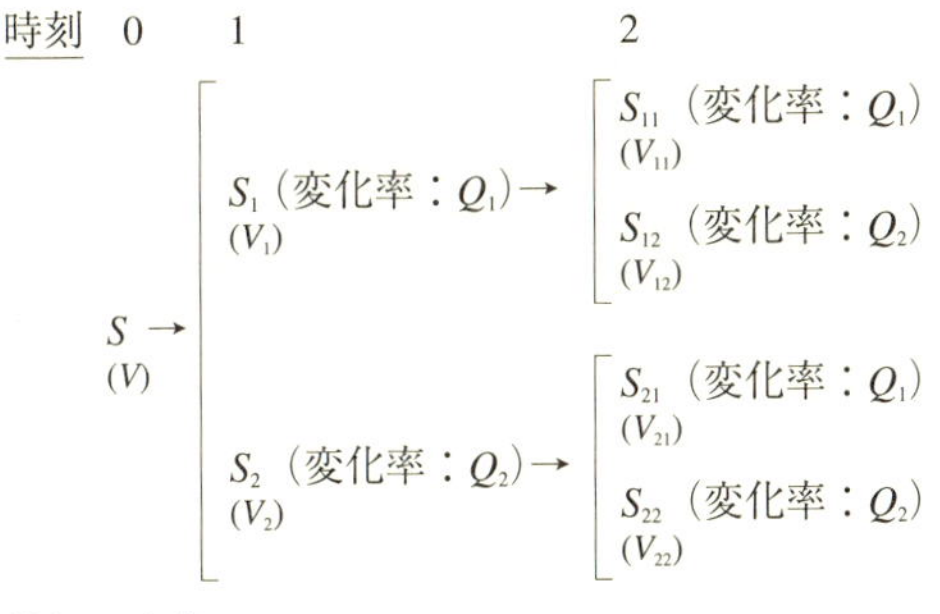

株価の変化

$$\begin{cases} S_1 = S(1+Q_1),\ S_2 = S(1+Q_2) \\ S_{11}=S_1(1+Q_1),\ S_{12}=S_1(1+Q_2) \\ S_{21}=S_2(1+Q_1),\ S_{22}=S_2(1+Q_2),\ (S_{12}=S_{21}) \end{cases}$$

オプション価格の変化

$$\begin{cases} V_1=V_{11}(1+R)^{-1}P_1+V_{12}(1+R)^{-1}P_2 \\ V_2=V_{21}(1+R)^{-1}P_1+V_{22}(1+R)^{-1}P_2 \end{cases}$$

オプション価格公式： $V = V_1(1+R)^{-1}P_1+V_2(1+R)^{-1}P_2$

図2　株価・オプション価値の時間変化

S_2の場合でのこのオプションの価格V_1、V_2は価格公式より図2のようになる。時刻0でのオプションの価格Vを求めるときは、時刻1で求めたオプションの価格を時刻1でのオプションの価値とみなして前の価格公式にあてはめればよい。なぜそれでよいのか確かめなければならないが、そのとき原理となるのはやはり、裁定機会の不存在の原則である。時刻0でのオプションの価格をこれ以外の値に決めたときには、誰かが必ず得することになるのである。

オプションの価格付けと同様に、オプションを振り出した側としては、ヘッジ戦略[2]をたてておく必要がある。一期間モデルの場合には、連立方程式[1.1]の解X、Yがヘッジ戦略である。二期間モデルの場合も同様に考えればよいが、時刻1で、株価がS_1またはS_2に変化した後のヘッジ戦略はS_{11}、S_{12}を一グループとしS_{21}、S_{22}を別のグループとして、別々に連立方程式をたててヘッジ戦略を計算することになる。

この二期間モデルでみると、最初の一期間で株が変化率Q_1またはQ_2で変化するが、それぞれ確率P_1、P_2で変化すると解釈する。次の第二期間でも、株は確率P_1、P_2で変化率Q_1、Q_2の状態に変化すると解釈する。このとき第一期間目と第二期間目は独立（無関係）に変化するとする。このように確率を入れて解釈していくと、一期間モデルと同様に多期間モデルでも、オプション価格は利率で割り引いたオプション価値の平均値として表現できることがわ

(2) リスクを回避するための戦略。

かる。二期間以上のモデルでも同様である。

これを確率論的に整理してみよう。X_nを第n期間での株価の変化率とする。各nでX_nはQ_1とQ_2どちらかの値をとるが、どちらの値をとるかはわからない。このようなものを確率論では確率変数という。この確率変数をリスク中立確率のもとでみると独立になっていた。そして値Q_1、Q_2をそれぞれP_1、P_2の確率でとることになる。また最後の時刻Tで設定されているオプションの価値をV_Tとすると、これも確率変数になる。二期間モデル［$T=2$］ではV_Tは四つの値V_{11}、V_{12}、V_{21}、V_{22}をとることになる。一般のTでは2^T個の値をとる。このときオプション現在価格公式と時刻nでの株価はそれぞれ［1.2］、［1.3］と簡便に書ける（図3）。［1.2］で用いた記号Eは期待値（expectation）の頭文字で、括弧内の確率変数のリスク中立確率による平均値をとることを表している。出発においてモデルは確率とは無関係であったが、オプションの価格を合理的に決める段階で確率が登場した。しかし議論をこの段階に限れば、価格公式をこのような確率論の用語により書き換えることは、表現が簡略化されるという以上の本質的なことではない。しかし次節の連続時間への移行を考えると、この確率論的表現が重要になる。

オプション現在価格公式

［1.2］ $V = E(V_T(1+R)^{-T})$

株価

［1.3］ 時刻nでの株価(S_n)
$=S(1+X_1)(1+X_2)\cdots(1+X_n)$

［1.4］ $\begin{cases} E(X_n)=R \\ E(S_n(1+R)^{-n}) = S \end{cases}$

図3

二　連続時間への移行

前節までは、時刻は不連続的に変化するものとしてきたが、実際の株価は時々刻々変化し、その取引も随時行うことが可能である。したがって前節までの議論を連続的な時間で行っておいた方がより実際的である。そのとき公式［1.2］はどうなるか考えてみよう。

和をとるとき、項の数が多くなり無限になった極限では、和は積分に移行した。このときの方法を踏襲してみよう。満期（最終時刻）をTとし、時刻0から時刻Tまでの時間の区間をn等分して、T/n時間を一期間として多期間モデルを考える。まず満期Tでの株価S_Tを利子で割り引き、その対数の平均と分散を計算してみると、［1.5-6］のようになる（図4）。T/n時間での利子率RをrT/nとする。さらに図4の等式において、平均をμT、分散を$\sigma^2 T$とおきQ_1、Q_2を求めると、nが大きい（つまり分割を細かくする）とき、近似的に［1.7-9］となる。このような状況のもとでは中心極限定理[3]を適用することができ、株価の対数はブラウン運動B_tを使い［1.10］のように近似表現できる（図5）。したがって株価そのものは［1.11］となる。［1.2］のオプションの価格公式は［1.12］のブラック・ショー

［1.5］平均

$$E(\log(\frac{S_T}{(1+R)^n S}))=n(P_1\log(\frac{1+Q_1}{1+R})+P_2\log(\frac{1+Q_2}{1+R})$$
$$=\mu T$$

［1.6］分散

$$Var(\log(\frac{S_T}{(1+R)^n S}))=P_1P_2(\log(\frac{1+Q_1}{1+Q_2})^2 n$$
$$=\sigma^2 T$$

$R=r\frac{T}{n}$ として

⇒

［1.7］ $\mu=-\frac{\sigma^2}{2}$

［1.8］ $Q_1=-\sigma c\sqrt{\frac{T}{n}}+r\frac{T}{n}$，　$Q_2=-\sigma c^{-1}\sqrt{\frac{T}{n}}+r\frac{T}{n}$

（cは正の任意の定数）

［1.9］ $P_1=\frac{1}{1+c^2}$，　$P_2=\frac{c^2}{1+c^2}$

図4

［1.10］ $\log(\frac{S_T}{(1+R)^n S})\cong\sigma B_T+\mu T$

⇒

［1.11］ $S_T=Se^{\sigma B_T+\mu T+rT}$

⇒

ブラック・ショールズ価格公式

［1.12］ $V=E(V_Te^{-rT})$

図5

ルズ価格公式に移行する。ここでの平均値はブラウン運動に対する平均である。オプション価値 V_T はブラウン運動の（汎）関数である。ここで注意してほしいのは、極限においては株価の変化を決める定数は分散の σ^2 のみであるということである。平均 μは関係［1.7］より分散から決まっている。これは関係［1.4］より極限においても利率で割り引いた株価の平均値が初期値と等しいという要請があるからでもある。この分散の σ^2 はボラティリティ[4]と呼ばれていて日本経済新聞に毎日掲載されている重要な指標である。

一方ヘッジ戦略は、不連続な時間のときは各時刻での連立方程式を解くことで求まった。しかし今の連続時間の場合にはそれほど簡単ではない。このところで初めて確率解析が必要になる。

（3）独立な確率変数の見本平均は平均値に収束する（大数の法則）が、中心極限定理はその平均値と見本平均の誤差についての定理。

（4）価格の変動性を表すもので、原資産価格が一年間でどの程度変動するかをパーセントで表示したもの。

三　確率解析

確率解析とは一言でいえば、ブラウン運動（一般にはマルチンゲール[5]）をもとにした無限小解析学（微分・積分）である。ブラウン運動は連続ではあるが、花粉粒子の軌跡としては、花粉粒子が絶えず水の分子との衝突を受けるために、微分可能ではない。これが通常の無限小解析と違うところであり、確率解析学という新しい分野ができたゆえんでもある。

（5）第二章注（28）参照。

さて、確率解析が必要な理由をヘッジ戦略の観点から説明する。多期間モデルでヘッジ戦略（ポートフォリオ）をもう少し丁寧にみてみよう。

V_T^* は満期でのオプションの割引価値としてあたえられたものである。また V_0^* はオプションの現在価格 V に等しく［1.2］であたえられている。実は等式［1.13］より、株へのヘッジ戦略 H_n^1 を決めることができる。Y_n は［1.4］より、リスク中立確率のもとでは平均0の独立な確率変数の n 個の和である。したがって適当な正規化をすれば Y_n はブラウン運動（のσ倍）に収束する。これを念頭におきブラック・ショールズ価格公式を導出したときのように［1.13］で連続時間に極限移行すると［1.14］のようなブラウン運動による積分に収束すると予想できる（図6）。しかしブラウン運動は微分可能ではないのでこの積分は通常の方法では定義できない。一九四二年に伊藤清はこのブラウン運動による積分（確率積分）を合理的に定義する方法を発見し、ブラウン運動に基づいた確率微分方程式の理論を創始した。この分野は、現在、確率解析と呼ばれ現代確率論の根幹をなしている。われわれの問題であるヘッジ戦略を導出することは V_T^*、V があたえられたとき［1.14］をみたす H_T^1 を求めることである。伊藤はこれが可能であることも示している。しかし具体的な V_T^*（また

時刻 n での株、貯金への投資額をそれぞれ H_n^1円、H_n^2円、オプションの価値を V_n円とすると、［1.1］より次の関係がある。

$$(1+X_n)H_n^1+(1+R)H_n^2=V_n$$

$$H_n^1+H_n^2=V_{n-1}$$

そこで利率で割り引いたオプションの価値を $V_n^*\ (=V_n\,(1+R)^{-n})$とおくと

$$(X_n-R)H_n^1\,(1+R)^{-n}=V_n^*-V_{n-1}^*$$

となる。両辺で n について和をとると

［1.13］ $V_T^*=V_0^*+\sum_{n=1}^{T}(Y_n-Y_{n-1})H_n^1\,(1+R)^{-n}$

がわかる。ただし $Y_n=\sum_{k=1}^{n}(X_k-R)$ とした。

［1.14］ $V_T^*=V+\sigma\int_0^T H_t^1 e^{-rt}dB_t$

図6

は V_T）に対して H_T^1 の具体的な表現式を求めることは簡単ではない。そして具体的な表現式なしには実用には役立たない。現在、ヨーロッパ・オプション、アジア・オプション、パーセンタイル・オプション[6]などで具体的な表現式が得られている。

四　ハリソン・クレプス・プリスカのしくみ

前述の議論では安全資産（銀行貯金・債権）の利率も時間的に一定であり、危険資産（株）の変化も時間的に一様であるとしてきた。しかしこれは現実とはかけはなれているので、もう少し実際と近い状況を設定（ハリソン・クレプス・プリスカの枠組み）してみよう。時間［$0,t$］をN等分し、$0, t/N, 2t/N, \dots, (N-1)t/N$、$t$ という$N+1$期間の離散モデル[7]を考える。このとき、安全資産は一期間での利息をrt/Nとすると、S_0^0 $(1+rt/N)N$ であるから、$N\to\infty$ とするとき $S_t^0=S_0^0e^{rt}$ となる。これは、微分方程式 $dS_t^0/dt=rS_t^0$ の解であるが、瞬間的な利息 r が不確実で、時間にも依存する場合、$dS_t^0/dt=r(t,\omega)S_t^0$ の解を安全資産のダイナミクス[8]と定式化する。これは、［2.1］と書いてもよい（図7）。同じように危険資産を書き表すと［2.2］となる。すなわち、ボラティリティ $\sigma(t,\omega)$ や瞬間的期待収益率 $\tilde{\mu}(t,\omega)$ が不確実で時間にも依存する場合も含んで考える。この S_t は、伊藤の確率解析の理論の基本公式「伊藤の公式」を使えば、実は［2.3］

（6）期間の最終値、平均値、中間値を基に設定されたオプション。

（7）単位の時間が設定されているモデル。

（8）時間発展。

［2.1］ $$\frac{dS_t^0}{S_t^0}=r(t,\omega)\,dt,\quad S_0^0=S^0$$

［2.2］ $$\frac{dS_t}{S_t}=\tilde{\mu}(t,\omega)dt+\sigma(t,\omega)\,dB_t$$
$$S_0=S$$

［2.3］ $$S_t=Se^{\int_0^t\{\tilde{\mu}(s,\omega)-\frac{1}{2}\sigma(s,\omega)^2\}ds+\int_0^t\sigma(s,\omega)dB_S}$$

図7

と表されることがわかる。これは、リスク中立確率の下で考えた（［1.7］式の下での）［1.11］式と比較すると、［1.11］は、$\tilde{\mu}(t,\omega)=\mu+r+\sigma^2/2$、$\sigma(t,\omega)=\sigma$（定数）の場合に他ならない。ここでは前提として、何かある確率空間（Ω,F,P）上でブラウン運動 B_t が定義されていて、危険資産が［2.2］式で表されているとモデル化して出発するので、この確率Pとリスク中立確率 $\bar{P}$ の関係が問題となる。

そこで、この二種類の資産を組み合わせて保有している投資家の資産の価値過程を今の設定で定義し、無裁定条件とリスク中立確率との関係をみておこう。

先ほどと同様に H_t^1、H_n^0 をそれぞれ、危険資産、安全資産への投資額とし、それぞれの投資量を $h_1=H_t^1/S_t$、$h_0=H_t^0/S_t^0$ とすると、この戦略Hをとる投資家のもっている資産の価値過程 $V_T(H)$ は［2.4］と書けるであろう（図8）。ところで、多期間モデルの場合、資金を外から導入しないと同時に外部にも使用しない、S_t と S_t^0 への投資量を組み替えるだけの戦略（自己資金充足戦略）をとることを投資の前提としていた。このことは

［2.4］ $V_t(H) = H_t^1 + H_t^0 = h_t^1 S_t + h_t^0 S_t^0$

［2.5］ $h_{n+1}^1 S_n + h_{n+1}^0 S_n^0 = h_n^1 S_n + h_n^0 S_n^0$

［2.6］ $(h_{n+1}^1 - h_n^1)S_n + (h_{n+1}^0 - h_n^0)S_n^0 = 0$

［2.7］ $S_t dh_t^1 + S_t^0 dh_t^0 = 0$

［2.8］ $dV_t(H) = h_t^1 dS_t + h_t^0 dS_t^0$

［2.9］
$$\begin{aligned} dV_t(H) &= h_t^1 S_t(\tilde{\mu}(t,\omega)dt+\sigma(t,\omega)dB_t) + h_t^0 S_t^0 r(t,\omega)dt \\ &= H_t^1(\tilde{\mu}(t,\omega)dt+\sigma(t,\omega)dB_t) + H_t^0 r(t,\omega)dt \\ &= r(t,\omega)V_t dt + H_t^1(\tilde{\mu}(t,\omega) - r(t,\omega))dt + H_t^1\sigma(t,\omega)dB_t \end{aligned}$$

［2.10］ $V_t^*(H) = V_0 + \sum_{n=1}^{t}(Y_n - Y_{n-1})H_n^1(1+R)^{-n}$

［2.11］ $\bar{E}[Y_n - Y_{n-1}|F_{n-1}] = \bar{E}[X_n - R] = 0$

［2.12］ $\bar{E}[(Y_n - Y_{n-1})H_n^1(1+R)^{-n}|F_{n-1}] = H_n^1(1+R)^{-n}\bar{E}[Y_n - Y_{n-1}|F_{n-1}] = 0$

［2.13］ $V_n^* = V_0^* + \sum_{k=1}^{n}(Y_k - Y_{k-1})H_k^1(1+R)^{-k}$

［2.14］ $E[V_n^*(H)|F_{n-1}] = V_{n-1}^*(H)$

［2.15］ $E[V_n^*(H)|F_m] = V_m^*(H),\quad n>m$

［2.16］ $\bar{E}[V_T^*(H)] = \bar{E}[V_0^*] = V_0(H)$

図8

〔2.5〕と表されることから〔2.6〕となるので、これを連続時間に移行したときにも、同じように考えて〔2.7〕の条件をみたすものを「自己資金充足戦略」と呼ぶ。このとき〔2.8〕となるので、〔2.1〕と〔2.2〕から〔2.9〕となる。

さて、多期間モデルに戻ろう。危険資産に H^1_k $(k=1,2,\cdots,t)$ を投資し、残りを安全資産に投資したときに投資家のもっている資産の価値過程 $V_t(H)$ は、安全資産の利率で割り引くと〔2.10〕となることは、〔1.13〕式と同様である。Y_n は平均0の確率変数であり、H^1_n は時刻 n-1 までの情報を使って決めた時刻 n 時点の戦略であるから、F_nを時刻 n までの情報増大系（独立な確率変数列 $\{X_k\}$ の $k=n$までの起こりうるすべての事象の情報からなるもの）とすると、F_{n-1} の情報を使って決められた（F_{n-1} 可予測という）ものである。しかしながら、X_n は独立な確率変数列であったから、n-1までの情報 F_{n-1} を知ったとしても、その期待値は変わらない。すなわち〔2.11〕であり、H_n は F_{n-1} の情報のもとでは定数と考えられるから、〔2.12〕となる。したがって、〔2.13〕とおけば〔2.14〕であり、このことから、〔2.15〕となることがわかる。このような性質をみたす確率変数列 V^*_n をマルチンゲールという。すなわち、安全資産の利率で割り引いたときの投資家の資産の価値過程は、リスク中立確率のもとでマルチンゲールである。ここで特に、$m=0$、$n=T$として〔2.16〕を得る。ところでリスク中立確率は、もとの確率Pと同値（すなわち、$P(A)=0$ ならば $P(A)=0$ で逆も成り立つとき）であることが前提とされ、無裁定（ノーフリーランチ）の条件は初期資産 $V_0=0$ から出発するとき、$E[V_T(H)]\geq 0$、$P[V_T(H)>0]>0$ となる戦略が存在しないことと定義される。したがって、リスク中立確率があるならば、$V_0(H)=0$、$V_T(H)>0$ なる戦略 H に対して、$E[V_T^*(H)]=0$ から $\bar{P}$ による確率1で $V_T(H)=0$、P のもとでも確率1で $V_T(H)=0$ となる。すなわち、この市場は無裁定であることがわかる。また満期日 T のコールオプションは、株が T 時点で上がったときにだけ行使価格との差額を請求できる権利（条件付請求権）と考えられるので、その権利を確率変数 F と表すと、このコールオプションの複製戦略 H に対しては、$V_T(H)=F$ となるから、$\bar{E}[(1+R)^{-T}F]=V_0(H)$[9]。このことから、このオプションの価格は $V=\bar{E}[(1+R)^{-T}F]$ であることがわかる。なぜなら、その価格が V より高ければ、オプションを売って右の複製戦略 H を実行すれば V との差額が確実に儲かり、V より安ければ、オプションを買って、戦略 $-H$ を実行すればやはりその差額だけ確実に儲かるからである。このリスク中立確率は、同値マルチンゲール測度と呼ばれ、有限市場モデルでは、それが存在することが無裁定条件と同値であり、ただ一つだけ存在することが市場の完備性[10]と同値であることが知られている。

このように、市場の数理モデルにマルチンゲールの概念を導入し、その枠組みで無裁定条件、市場の完備性を最初に論じたのは、アメリカのオペレー

（9）$\bar{E}$とは確率 $\bar{P}$ による平均値。

（10）十分に多用な資産が取引されており、取引戦略をうまく工夫することで、いかなるデリバティブの満期におけるペイオフも達成可能であること。

ションズリサーチの研究者たち、ハリソン、クレプス、プリスカであり、現在の数理ファイナンスの理論は彼らの論じた枠組みを連続時間モデルでさらに一般的に、数学的に高度なレベルで論じられるようになっている。

連続時間モデルに戻ろう。右で述べた多期間モデルと同様に、リスク中立確率（同値マルチンゲール測度）$\bar{P}$について考える。そのためには、確率解析の基本的な定理を用いる必要がある。よく知られたカメロン・マーチン・ディンキン・マルヤマ・ギルサノフの定理を使えば、良い条件、たとえば［2.17］があれば、リスク中立確率$\bar{P}$は［2.18］と書けることがわかっている（図9）。この定理によれば、この$\bar{P}$のもとでは［2.19］がブラウン運動となり、したがって、危険資産の価格過程は［2.20］となる。［2.4］で得た投資家のもつ資産価値過程は［2.21］となる。そこで、$S_t^*=S_t(S_t^0)^{-1}$、$V_t^*(H)=V_t(H)(S_t^0)^{-1}$、とおけば、［2.22］であり、［2.23］となる。すなわち［2.24］となり、［1.14］を一般化した式が確率解析の基本的な手法を使って示せることになる。

多期間モデルでV_n^*がマルチンゲールになったのは、F_n可予測な戦略$H_n(1+R)^{-n}$と独立な確率変数列Y_n-Y_{n-1}の積の和であったことによるが、ここでは可予測な確率過程$e^{-\int_0^t r(s,\omega)ds}H_t^1\sigma(t,\omega)$を被積分関数とする、独立な和の極限であるブラウン運動$\bar{B}_t$による確率積分でS_t^*

［2.17］ $0< c_1\leq\sigma(t,\omega)\leq c_2,\ |\mu(t,\omega)-r(t,\omega)|\leq c_3$

［2.18］ $\bar{P}(A)=E[e^{-\int_0^T\phi(s,\omega)dB_s-\frac{1}{2}\int_0^T|(s,\omega)|^2ds};\mathrm{A}]$

$\phi(s,\omega)=\sigma(s,\omega)^{-1}(\mu(s,\omega))-r(s,\omega)$

［2.19］ $\bar{B}_t=B_t+\int_0^t\phi(s,\omega)ds$

［2.20］ $\dfrac{dS_t}{S_t}=r(t,\omega)dt+\sigma(t,\omega)d\bar{B}_t,\quad S_0=S$

［2.21］ $dV_t(H)=r(t,\omega)V_t(H)dt+H_t^1\sigma(t,\omega)d\bar{B}_t$

［2.22］ $dS_t^*=S_t^*\sigma(t,\omega)d\bar{B}_t$

［2.23］ $dV_t(H)=e^{-\int_0^t r(s,\omega)ds}H_t^1\sigma(t,\omega)d\bar{B}_t$

［2.24］ $V_t^*(H)=V_0+\int_0^t e^{-\int_0^t r(s,\omega)ds}H_t^1\sigma(t,\omega)d\bar{B}_t$

図9

やV_t^*が書き表されていることから、それらはマルチンゲールであるということになる。安全資産の利率で割り引いたときの危険資産の価格過程をマルチンゲールにする確率測度という意味で、マルチンゲール測度というのである。このことから、[2.17] が仮定できるような市場モデルは無裁定であることが、多期間モデルの場合と同様にいえる。そして、満期日 T のオプション F の価格は $\bar{E}[e^{-\int_0^T r(s,\omega)ds}F]$ ということになる。のみならず、この市場は完備であることもわかる。すなわち、任意のオプション（条件付請求権[11]）F を複製する戦略 H が存在すること $V_T(H)=F$ がわかるのである。

ところが、一般に、連続時間モデルでは、同値マルチンゲール測度の存在と無裁定の条件の同値性は簡単ではない。実はこのことは、確率解析の一つの大きな問題として一九九〇年代に研究され、無裁定の条件を別の条件に置き換えてデルバーエン、シャッヘルマイヤーによって最良の結果が得られている。これは、ファイナンスに動機付けられた問題が確率解析の分野に大きな影響をあたえた一つの典型といえる。

次に複製戦略である。確率解析の基本定理の一つとして、マルチンゲールの表現定理がある。これは、ブラウン運動の情報増大系に関するマルチンゲールはそのブラウン運動の確率積分として表されるというもので、一般的な枠組みで日本人数学者国田寛、渡辺信三によって得られた定理である。満期 T

(11) コール、プットなどの各種オプションのように、条件に応じて請求できる権利のことを条件付請求権（contingent claim）と呼ぶ。また、このように必要に応じて作り出された金融商品を総称して、派生証券（derivative security あるいは簡単にデリバティブ）と呼ぶこともある。

[2.25] $\bar{E}\,[e^{-\int_0^T r(s,\omega)ds}F\,|F_t]$

[2.26] $\bar{E}\,[e^{-\int_0^T r(s,\omega)ds}F\,|F_t] = \bar{E}\,[F] + \int_0^t \eta(s,\omega)d\bar{B}_s$

[2.27] $H_t^1 = \sigma(t,\omega)^{-1}e^{-\int_0^t r(s,\omega)ds}\,\eta(t,\omega)$

図10

のオプションFがあたえられているとき、マルチンゲール［2.25］に対してある可予測な確率過程 $\eta(s,\omega)$ があり、［2.26］と表されるというマルチンゲール表現定理を使えば、［2.18］式と照らし合わせて［2.27］がその複製戦略であることがわかる（図10）。ただ、実際的な問題としてはこの $\eta(t,\omega)$ の具体的な形を求めることが重要である。

五　不完備な市場のモデル

さて、不完備な市場のモデルを導入しよう。安全資産価格が［2.1］式で危険資産価格 S_t が［2.28］で表されているモデルを考える（図11）。ここで、B_t^1 と B_t^2 は互いに独立なブラウン運動である。まず、σ_1、σ_2、$\tilde{\mu}$ が［2.17］の条件を満たすとき、このモデルに対して、同値マルチンゲール測度が無限にたくさんあることを示しておこう。

図11のように、［2.29］として［2.30］とおけば、この $\bar{P}$ のもとで、$\bar{B}_t^1=B_t^1+\int_0^t\psi_1(s)ds$、$\bar{B}_t^2=B_t^2+\int_0^t\psi_2(s)ds$ が独立なブラウン運動となり、前と同様にして危険資産価格、投資家のもつ資産価値過程は［2.31］となるので、$S_t^*=S_t(S_t^0)^{-1}$、$V_t^*=V_t(S_t^0)^{-1}$ がマルチンゲールとなる。ここで θ は無限に多くの値を取りうるので、同値確率測度は無限にたくさんある。さて、このモデ

［2.28］ $\frac{dS_t}{S_t}=\tilde{\mu}(t,\omega)dt+\sigma(t,\omega)dB_t^1+\sigma_2(t,\omega)dB_t^2,\ S_0=S$

［2.29］ $\psi_1(t)=\theta\sigma_1^{-1}(\tilde{\mu}-r),\quad \psi_2(t)=(1-\theta)\sigma_2^{-1}(\tilde{\mu}-r),\quad 0\leq\theta\leq 1$

［2.30］ $\bar{P}(A)=E[e^{-\int_0^T(\psi_1(s)dB_s^1+\psi_2(s)dB_s^2)-\frac{1}{2}\int_0^T(|\psi_1(s)|^2+|\psi_2(s)|^2)ds};A]$

［2.31］ $\frac{dS_t}{S_t}=r(t,\omega)dt+\sigma_1(t,\omega)d\bar{B}_t^1+\sigma_2(t,\omega)d\bar{B}_t^2,\ S_0=S$

$dV_t=r(t,\omega)V_tdt+H_t^1\sigma(t,\omega)d\bar{B}_t^1+\sigma(t,\omega)d\bar{B}_t^2$

［2.32］ $U_t=U_0+\int_0^t\eta_1(s,\omega)d\bar{B}_s^1+\int_0^t\eta_2(s,\omega)d\bar{B}_s^2$

［2.33］ $\int_0^t\eta_1(s,\omega)d\bar{B}_s^1+\int_0^t\eta_2(s,\omega)d\bar{B}_s^2=\int_0^t e^{-\int_0^s r(u,\omega)du}H_t^1\sigma_1(s,\omega)d\bar{B}_s^1+\sigma_2(s,\omega)d\bar{B}_s^2$

図11

ルが非完備であることをみるには、もう一度マルチンゲールの表現定理を述べておく必要がある。この二つのブラウン運動で生成される増大情報系に関するマルチンゲール U_t に対しては二次元可予測確率過程 $\eta_1(t,\omega)$、$\eta_2(t,\omega)$ があって［2.32］ということである。

オプションFがあたえられたとき、マルチンゲール $\bar{E}[e^{-\int_0^T r(s,\omega)ds}F|F_t]$ を［2.32］のように表現する η_1、η_2 は取れても、それに対して［2.33］となる H_t^1 が取れるとは限らないことを理解するのはやさしいであろう。すなわち、すべてのオプションをこの二つの資産の組み合わせで複製できるわけではないのである。

ここでは、危険資産が［2.28］の形で表される市場モデルが不完備であることを示したが、［2.2］の場合でも、ボラティリティ σ のランダムネスが危険資産の価格を決めるブラウン運動 B_t 以外からきている場合にはやはり不完備となる。売買される証券が多数ある場合でも、要は、その証券の個数よりも、独立かつランダムな要因の個数が多い場合には市場は不完備となることが知られている。さらに、金融実務のさまざまなデータから、ボラティリティを定数としたのでは、つじつまが合わないことが認識されている。現在では、そのような金融実務のデータと整合的な不完備な市場のモデルを構築するさまざまな試みがなされてきている。

六　ポートフォリオ最適化

デリバティブの価格づけの他に金融工学・数理ファイナンスの代表的な問題に、マートンらによって研究が始められた投資・消費問題に関するポートフォリオ最適化問題がある。まず、消費を考えない場合に、もう一度離散時間モデルで考えよう。時刻nで危険資産をh_n^1、安全資産をh_n^0保有するとき、投資家の保有する資産は［2.34］であるが、時刻nでポートフォリオを組替えて、［2.35］としておく（図12）。その価値は時刻$n+1$で［2.36］に変化する。時刻nで組替えた危険資産への投資比率をu_n、安全資産への投資比率を$1-u_n$すなわち、$h_{n+1}^1 S_n = u_n V_n$、$h_{n+1}^0 S_n^0 = (1-u_n) V_n$とするとき、［2.37］となる。したがって、投資家のもつ資産の価値過程は［2.38］と変化するが、投資家はある効用関数$U(x)$に対して、将来のある時点Tにおいて保有する資産V_Tの期待効用を最大化するよう、投資戦略をとる。

　すなわち、初期資産$V_0 = x$から出発して、［2.38］となる問題を考える。さて、この問題はどのように考えればよいであろうか。まず、u_nは比率を表すので、$u_n \geqq 0$としてよいであ

［2.34］ $V_n = h_n^1 S_n + h_n^0 S_n^0$

［2.35］ $h_n^1 S_n + h_n^0 S_n^0 = h_{n+1}^1 S_n + h_{n+1}^1 S_n^0 = V_n$

［2.36］ $V_{n+1} = h_{n+1}^1 S_{n+1} + h_{n+1}^0 S_{n+1}^0$

［2.37］
$$V_{n+1} = \frac{u_n V_n}{S_n^1} S_{n+1} + \frac{(1-u_n) V_n}{S_n^0} S_{n+1}^0$$
$$= V_n \{u_n(1+X_{n+1}) + (1+u_n)(1+R)\}$$

［2.38］ $V_{n+1} = V_n(1+R+u_n(X_{n+1}-R))$

［2.39］ $\hat{V}(x) = \max_{u_1, u_2, \ldots, u_{T-1}} E[U(V_T)]$

［2.40］ $\hat{V}_{T-1}(x) = \max E[U(V_T) \mid V_{T-1} = x]$

［2.41］
$$\hat{V}_{T-1}(x) = \max_{0 \leq u \leq \frac{1+R}{R-Q_1}} \{U(x(1+R+u(Q_1-R))) P_1 + U(x(1+R+u(Q_2-R))) P_2\}$$

［2.42］
$$\hat{V}_{T-k}(x) = \max_{0 \leq u \leq \frac{1+R}{R-Q_1}} \{\hat{V}_{T-k+1}(x(1+R+u(Q_1-R))) P_1 + \hat{V}_{T-k+1}(x(1+R+u(Q_2-R))) P_2\}$$

図12

ろう。また、投資家の資産は、$V_n \geqq 0$ で、X_n は Q_1 と Q_2 の二つの値しかとらず、$Q_1<R<Q_2$ としたので、$1+R+u_n(Q_1-R)\geqq 0$ でなければならないから、$0\leqq u_n \leqq (1+R)/(R-Q_1)$ という制限がつくであろう。そこでまず、$V_{T-1}=x$ のもとで、［2.39］を最大にする問題、すなわち、［2.40］を考えるが、これは、$P(X_T=Q_1)=P_1$、$P(X_T=Q_2)=P_2$ としたので、［2.41］となる。したがって、$\hat{V}_T(x)=U(x)$ とし、逆に、帰納的に、$k=1,2,\ldots,T$ に対して［2.42］と考えていけば、$\hat{V}(x)=\hat{V}_0(x)$ として求めることができるだろう。

また、$u(T-k,x)$ をこの最大値を実現する u とすると、［2.43］とし、この値を使って決まる時刻1での戦略 $u(1,V_1)$ により、次の時刻の資産価値［2.44］が定まり、次々に［2.45］と最適戦略とその戦略をとったときの資産価値過程が定まる。このように逐次考えてゆくやり方はベルマンの動的計画原理と呼ばれ

［2.43］ $V_1 = V_0\,(1+R+u(0,x)(X_1-R))$

［2.44］ $V_2 = V_1\,(1+R+u(1,x)(X_2-R))$

［2.45］ $u(2,V_2),\ V_3 = V_2\,(1+R+u(2,x)(X_3-R))$

$\cdots$

$u(T-1,V_{T-1}),\ V_T=V_{T-1}(1+R+u(T-1,V_{T-1})(X_T-R))$

［2.46］ $\dfrac{1}{\gamma}\log E[e^{\gamma\log V_T}]=E[\log V_T]+\dfrac{\gamma}{1}Var[\log V_T]+o(\gamma^2)$

［2.47］ $V_{n+1}-V_n=V_n(R+u_n(X_{n+1}-R))$

［2.48］ $V^h_{t+h}-V^h_t=V^h_t[(r+(\tilde{\mu}-r)u^h_t)h+\sigma u^h_t\xi^h_t h^{\frac{1}{2}}$

［2.49］ $dV_t=V_t[(r+(\tilde{\mu}-r)u_t)dt+\sigma u_t dB_t]$

［2.50］ $\hat{V}(x)=\sup_u E[U(V_T)]$

［2.51］ $\hat{V}(t,x)=\sup_u E[U(X_{T-t})]$

［2.52］ $\hat{V}(s,x)=\sup_u E[\hat{V}(t,V_{t-s})]$

［2.53］ $\dfrac{\partial\hat{V}}{\partial t}+\sup_{u\geq 0}[\dfrac{\sigma^2x^2u^2}{2}\dfrac{\partial^2\hat{V}}{\partial x^2}+(\tilde{\mu}-r)xu\dfrac{\partial\hat{V}}{\partial x}]+rx\dfrac{\partial\hat{V}}{\partial x}=0$

$\hat{V}(T,x)=U(x)$

［2.54］ $\hat{V}(t,x)=\dfrac{1}{\gamma}x^{\gamma}e^{\gamma D_\gamma(T-t)},\quad D_\gamma=\dfrac{(\tilde{\mu}-r)^2}{2\sigma^2(1-\gamma)}+r$

［2.55］ $dV_t=V_t[(r+(\tilde{\mu}-r)u_t-c_t)dt+\sigma u_t dB_t]$

$V_0=x$

［2.56］ $\sup_u E[\int_0^T U_1(c_t)dt+U_2(V_T)]$

図13

るものであり、制御問題に対する基本的な考え方として知られている。

さて、ここで用いた効用関数とは $(0,\infty)$ 上の狭義単調増加、狭義凹関数であるものをいい、しばしば、用いられる例はHARA（hyperbolic absolute risk aversion）効用関数 $1/\gamma x^{\gamma}$, $\gamma<1$ である。$1/\gamma x^{\gamma}=1/\gamma e^{\gamma\log x}$ であるので、図13でみた $E[1/\gamma V_T^{\gamma}]$ を最大化する問題を、$1/\gamma\log E[e^{\gamma\log V_T}]$ を最大化する問題とみなすことができ、このとき、この問題はリスク鋭感的制御問題と呼ばれる。その意味は、$\gamma\to 0$ としたとき、［2.46］となるので、もとの最大化問題は漸近的には投資家の保有する資産の期待成長率 $E[\log V_T]$ を最大化する問題とみなせるが、その際同時に、γ が負の場合には、成長率の分散を小さくし、γ が正の場合には大きくする問題となることからきている。このとき、HARAパラメータ γ はリスク鋭感的パラメーターとも呼ばれる。

連続時間に移行しよう。［2.38］式を、まず、［2.47］と書きなおす。$h=T/N$ とし $R=rh$、X_n、を平均 $\tilde{\mu}h$、分散 σ^2h の独立確率変数列 $nh=t$ $u_n=u_t^h$、$V_n=V_t^h$ とすれば、［2.48］となる。ここで、ξ_t^h は平均0分散1の独立同分布する確率変数列とする。このとき、$h\to 0$として、［2.49］となる。図8の［2.9］式に戻れば、$u_tV_t(H)=H$ であるから、［2.49］は［2.9］に現れた係数、$\sigma(t,\omega)$、$\tilde{\mu}(t,\omega)$、$r(t,\omega)$ をすべて定数としたものに他ならない。［2.49］式で表された投資家の資産価値過程について、初期資産 $V_0=x$ から出発したときの、期待効用最大化問題［2.50］を考える。このときも、前で考えた動的計画原理の考え方が有効になる。$[0,T]$ の間の各 t に対して、終端時刻を $T-t$ とした問題［2.51］を考えると、$0\leq S<t$ に対して［2.52］というのがその原理である。この原理を通じて、ベルマン方程式［2.53］が導かれ、このベルマン方程式を解くことによって、最適投資戦略が構成される。たとえば、HARA効用関数 $U(x)=1/\gamma x$ の場合には、このベルマン方程式の解は［2.54］と求められ、最適投資戦略は $u=(\tilde{m}u-r)/\sigma^2(1-\gamma)$ となることがわかる。消費も考慮に入れる場合は時刻 t における消費比率を c_t と表すとき、資産価値過程のダイナミクスは［2.55］と表され、効用関数 U_1、U_2 に対して期待効用最大化問題［2.56］を考えることになるが、この問題に対しても、ベルマンの動的計画原理の考え方が有効である。

さて、［2.13］で、係数 r、$\tilde{\mu}$、σ が定数でなく、外からのランダムネスが介在する場合には、やはり、いまのような解析解を得ることは必ずしも簡単ではない。すなわち、ここでも不完備な市場のモデルで考察することが実際的な問題として起こっていて、現在問題とされている。ただこの場合でも、外からのランダムネスがマルコフ的なものの場合には、ベルマンの動的計画原理の考え方は有効であり、不完備な市場のモデルにおいてひとつの有力な方法を提供している。

第五章　金融工学の拡張と発展

第二、四章で紹介されたブラック、ショールズ、マートンによるデリバティブの価格付け理論の研究やハリソン、クレプス、プリスカによる連続時間金融市場モデルの枠組みの提示は、理論的にも、金融実務界にあたえたインパクトからも、この分野における金字塔的研究とみなされている。その後今日に至るまで、彼らが達成した理論・枠組みの中で、実務界の実用的な関心から、あるいは学術界の理論的な関心から新たな応用が生まれ続けている。

一方、その枠組み自体を拡張・発展させること、すなわち現実の金融市場では受け入れ難いいくつもの仮定をおいた「理想的な」金融市場モデルを少しでも現実に近づけることは、この分野の研究のこれからの重要課題である。本章ではそういった試みのいくつかとして、ボラティリティや金利過程のモデル化の研究と、金融実務界の要請から最近出現してきたリスク測度の問題の紹介を行いたい。

一　ボラティリティのモデル化

第四章で導入されたブラック・ショールズモデルをもう一度思い起こしてみよう。証券価格過程 $(S_t)_{t\ge0}$ はブラウン運動 $(B_t)_{t\ge0}$ と二つのパラメータ（期待収益率 μ、ボラティリティ σ）を用いて［3.1］または［3.2］と定義される対数正規過程である。ここでたとえば、ヨーロピアンタイプのコールオプション(1)を考えてみよう。すなわち購入者は、満期日 T において行使価格 K よりも証券価格 S_T が上回ったときに限りその差額を受け取る権利を手にする――数式ではこれを記法［3.3］を用いて、購入者が満期日において $(S_T-K)^+$ 受け取れると表現する――を考える。第四章ですでに指摘されたように、

（1）オプションの適正価格は、（金利で割引いた）満期でのキャッシュフローのリスク中立確率 $\bar{P}$ に関する期待値［3.4］（$\bar{E}$ はリスク中立確率 $\bar{P}$ に関する期待値を表す）に等しくなり、

（2）オプションの売却者は、［3.5］を満たす株式保有戦略（$(\bar{B}_t)_{t\ge0}$ は $\bar{P}$ のもとでのブラウン運動）をとることで完全なヘッジが可能である、

ことがわかっている。さらにこの例では、具体的な計算が可能で［3.6］が得られる（$V=V_0$を「ブラック・ショールズのコールオプション公式」、$(h_t)_{0\le t\le T}$ を「デルタヘッジ戦略」という）。第四章でもみたように、この公式が証券価格過程の

（1）第四章で紹介されたヨーロピアンタイプのプットオプションと並びもっともポピュラーなオプションの一つである。

期待収益率 μ を含んでいないこと、すなわちオプションの無裁定価格は μ とは無関係に定まることを注意しておく。それゆえ、証券価格過程の唯一の未知パラメータであるボラティリティ(2) σ の値の決定は、オプションの価格付けにおいても、またヘッジオペレーションにおいても重要になるわけである。

特にヨーロッパ型コールオプションやプットオプション(3)のようなポピュラーな金融商品についてはすでに取引が行われていて市場価格が付いていることが多い。この場合、市場価格からボラティリティ値を「逆算」して、その値を用いてヘッジオペレーションを行うのが実務界での一般的な手法である。すなわち、ブラック・ショールズ公式をボラティリティの関数であることを強調するため $V(\sigma)$ と記し、その逆関数(4) $V^{-1}(\cdot)$ を用いてオプションの市場価格 V_{mkt} から $IV:=V^{-1}(V_{mkt})$ としてボラティリティの値を決定するのである。こうして得られたボラティリティ値 IV のことをインプライドボラティリティと呼ぶ。もし、

(1) ブラック・ショールズ理論で市場に対して想定されている仮定が実際すべて満たされており、
(2) 特に証券価格過程が実際に対数正規過程によっており、
(3) さらにオプションの市場価格が「適正」である

と仮定すると、インプライドボラティリティを用いて完璧な

(2) S_0、K、r などの値は通常入手できるので。

(3) 満期日 T において購入者が $(K-S_T)^+$ 受け取る権利を得るオプション（K は行使価格）。

(4) $\partial V/\partial\sigma>0$ が確認できるので、確かに逆関数は存在する。

[3.1] $S_t = S_0 e^{\sigma B_t + (\mu - \frac{\sigma^2}{2})t}$

[3.2] $\frac{dS_t}{S_t} = \mu dt + \sigma dB_t$

[3.3] $(x)^+ := \begin{cases} x & x \geq 0 \text{ のとき} \\ 0 & x < 0 \text{ のとき} \end{cases}$

[3.4] $V := \bar{E}[e^{-rT}(S_T - K)^+]$

[3.5] $(S_T - K)^+ = e^{rT}\{V + \int_0^T h_t^1 d(e^{-rt}S_t)\}$

[3.6] $V_t = \{S_t \Phi(d_{+(t)}) - e^{-rt} K \Phi(d_{-(t)})\}$

$d_{\pm(t)} := \frac{1}{\sigma\sqrt{T-t}}\{\log\left(\frac{S_t}{K}\right) + \left(r \pm \frac{\sigma^2}{2}\right)(T-t)\}$

$\Phi(d) := \int_{-\infty}^{d} \frac{1}{\sqrt{2\pi}} e^{-\frac{x^2}{2}} dx$

$h_t = \Phi(d_{+(t)})$

図14

ヘッジが行えることになり（すなわち、過去のデータを用いた統計的推定などは一切必要ない）、その意味でインプライドボラティリティの活用は「賢い」アイデアといえるかもしれない。しかし、実際にインプライドボラティリティの時系列を分析してみると、統計的にもそれが定数であるとは受け入れ難い結果が得られるのが常であり、われわれは先の仮定（1）～（3）を疑わざるを得ない。問題はさらにある。オプションの売買が活発に行われる市場では、しばしば同一の証券について複数のヨーロピアンコールオプション（あるいは、プットオプション）が売買され、それぞれ市場で価格が付いていることが多い。すなわち、満期日が $T_i(i=1,\dots,m)$ で、行使価格が $K_{i,j}(j=1,\dots,n_i)$ であるオプションの市場価格が V_{mkt}^{ij} として得られているわけである。この場合、インプライドボラティリティ［3.7］が一定値を示すことはほとんどない。特に同一満期日 T_i のオプションのインプライドボラティリティ値を横軸に行使価格をとってプロットしてみると、しばしば真中（行使価格が現在の証券価格に近い位置）で低く、両脇で高い値を示すことが観察されており、これはボラティリティスマイル現象[5]と呼ばれている。このような状況下では、しばしば前述の仮定（2）を疑い、より一般的な確率過程を証券価格過程に採用して「つじつま」を合わせ、それを用いてヘッジオペレーションや新たな「エキゾチック[6]」なオプションの価格付けを行う。この見地に立てば、ボラティリティスマイルは証

（5）補間して描いたカーブがスマイルの唇の形に似ているという意味。

（6）コール・プットオプションのことを「プレイン／バニラオプション」と呼び、それに対して、より複雑でポピュラーでないオプションのことを総称して「エキゾチックオプション」と呼ぶ。

券価格の分布の対数正規分布からの「外れ・歪み」を表しているわけである。

たとえば［3.2］の代わりに［3.8］のようにボラティリティが時間と株価の関数であると仮定して、この関数をオプションの市場価格と整合するように決定するアルゴリズムを考えるアプローチがある（「インプライドモデル」と呼ばれる）。また、［3.8］のモデルでは証券価格と（インプライド）ボラティリティの相関［3.9］が常に1になってしまい、これが再び現実に反する（証券価格とそれより派生する証券（デリバティブ）の価格は強い相関をもつものの完全相関ではない）ため、［3.10］（WはBと相関をもつブラウン運動）で表されるモデルを考察することも多い（「確率ボラティリティモデル」と呼ばれる）。

さらに時系列理論研究者を中心に、離散時間モデルの枠組で複雑な時間相関構造をもつモデルを考察することも多い。独立した標準正規分布確率変数列 $(\varepsilon_n)_{n\geq 1}$、定数 $\alpha_0>0$、$\alpha_i, \beta_i \geq 0$ $(i=1,2,\ldots,n,\ldots)$ を用意して記述される［3.11］（GARCH(p, q)；Generalized Auto Regressive Conditional Heteroskedasticモデル）などがしばしば用いられる。このモデルにおいては、第n期の「ボラティリティ」σ_n は $\max(p, q)$ 期間前までの影響を受けて決定されているわけであり、これは実際の証券価格時系列データ解析の結果からの要請である。

［3.7］ $$IV_{t,f} := V^{-1}(V^{i,j}_{mkt}), \quad (i=1,\ldots,m,\ j=1,\ldots,n_t)$$

［3.8］ $$\frac{dS_t}{S_t} = \mu dt + \sigma(t, S_t)dB_t$$

［3.9］ $$\rho_t := \frac{\mathrm{cov}\left[\frac{dS_t}{S_t}, d\sigma_t\right]}{\sqrt{\mathrm{var}\left[\frac{dS_t}{S_t}\right]\mathrm{var}[d\sigma_t]}}$$

［3.10］ $$\frac{dS_t}{S_t} = \mu dt + \sigma_t dB_t$$

$$\frac{d\sigma_t}{\sigma_t} = m(t, \sigma_t)dt + v(t, \sigma_t)dW_t$$

［3.11］ $$S_n = S_0 \exp\left(\sum_{i=1}^{n} \sigma_t \varepsilon_t\right)$$

$$\sigma_n^2 = \alpha_0 + \sum_{i=1}^{p} \alpha_i (\sigma_{n-1}\varepsilon_{n-i})^2 \sum_{j=1}^{q} \beta_j \sigma^2_{n-j}$$

図15

確率ボラティリティモデルの出発点はボラティリティスマイル(7)の説明にあったが、特にこのモデルが市場に$(S_t)_{t\geq 0}$と安全運用過程しか存在しない状況では不完備市場を生むことを注意しておく（六三―六四頁参照）。すでに第四章で指摘したように、不完備市場では裁定機会の不存在の原則からは派生証券の価格を決定することができず、そのため解決しなければならない問題がまだまだ残っている。この見地から確率ボラティリティモデルを扱うこともある。

二　金利過程のモデル化

金融機関の保有ポートフォリオの中で、将来の不確実な金利に依存するような資産は大きい割合を占めており、それらの的確な（時価）価値算出やリスク管理などには確率的に変動する金利過程の数理モデルを用いるのが通常である。目的に応じた金利（過程）モデルを複数所有して、それらを用いた数理的解析手法の助けを借りつつ意志決定を行うといったスタイルが、現在の主流ではないだろうか。それゆえに、実務界の要請・目的（・流行？）に応じて注目されるモデルも刻々と変化している印象もあるが、ここでは金利モデルの発展の過程にあった問題意識や数理モデル構築の際のアイデアを紹介することを主眼としたい。

（7）ここでは触れなかったが、証券価格過程がブラウン運動によるノイズだけでなく、ランダムなジャンプを含んでいるとするモデルも最近頻繁に研究されている。これによってボラティリティスマイルを説明することも可能である。また、このモデルも不完備市場モデルと解釈することができる。

債券の無裁定価格

第四章で導入された枠組みを援用して、債券の適正（無裁定）価格を定式化することができる。第四章でのさまざまな設定・想定に加え、さらに債券がデフォルト（債務不履行）を起こさないことなども仮定する。

さて、債券——購入者が決まった時刻 $0<T_1<T_2<\cdots<T_N$ にクーポン c_1、c_2、…、c_n を、さらに満期日の T_N にはそれに加え元本 A を受け取るような金融商品——が複数取引されている金融市場を考えよう。時刻 t での「瞬間的な」安全（預金）利率[8]を r_t で表し、「瞬間的に」預け直しを繰り返しつつ資金1を運用してゆく過程を第四章と同様に［3.12］で、あるいはこれを解いて［3.13］で定義し、「安全運用過程」と呼ぶ。第四章で示されたように、市場で取引されている証券（今の場合は債券）価格過程を安全運用過程で割り引いたものがマルチンゲールになるような、Pと同値なリスク中立確率 $\bar{P}$ が存在すれば、この市場に裁定機会が存在しないことが保証される。またこの設定下では、満期日Tにおいて支払いFが生じるような金融商品の時刻tにおける適正（無裁定）価格は［3.14］に等しいことが示されていた。したがって、たとえば満期がTでクーポンがなく元本が1の債券[9]の時刻 $t(\leq T)$ における価格は、［3.14］で$F\equiv 1$と置いて［3.15］に等しければ裁定機会を許さないことがわかる。さらに、時刻 $T_1<T_2<T_N$ にクーポン $c_1,c_2,\ldots,c_n$ を、満期日 T_N に元本Aを購入者が受け取れる

（8）瞬間的なスポットレート、ないしは簡単に短期金利と呼ぶこともある。

（9）ゼロクーポン債、割引債と呼ばれる。

ような債券の時刻 $t(\leq T_i)$ での価格は、ゼロクーポン債を組み合わせた［3.16］であるとき、やはり裁定機会を許さないことがわかる。

ちなみに、瞬間的な利率を表す過程 $(r_t)_{t\geq 0}$ がランダムでない関数であるならば[10]、［3.15］式の期待値は必要なく［3.17］となり、これは［3.18］の解と解釈できるので、債券は安全な資産ということになる。しかし、金利がランダムネスを含む確率過程としてモデル化されている場合は、債券の保有は安全運用ではない。債券は金利の変動の影響を受ける危険資産になる。

（10）利率 r は時間に依らない定数であると設定されているブラック・ショールズモデルをもちろん含む。

短期金利モデル

以上の考察よりリスク中立確率のもとでの瞬間的な利率（短期金利）のダイナミクスを確率過程としてモデル化すれば、［3.15］式を用いて債券の、［3.14］式を用いてデリバティブの適正価格が評価できることがわかった。たとえば、ヴァシチェクモデル［3.19］、ＣＩＲ（コックス・インガーソル・ロス）モデル［3.20］（$(B_t)_{t\geq 0}$ はリスク中立確率 $\bar{P}$ の下でのブラウン運動）などが有名なモデルとして知られている。

ここで一つ重要なのは、金融商品の価値評価のためには、（現実のダイナミクスとは異なる）リスク中立確率のもとでの金利過程のモデル化が必要であるという点である。つまり、市場で観測された金利時系列の統計的解析などは金利モデル〔3.19-20〕のパラメータ推定に用いることはできない。実際には以下に述べるような、市場で取引されている債券の価格から（これが無裁定価格であるとみなして）パラメータ値を「逆算」するという、キャリブレーションと呼ばれる手順を踏んでパラメータ値は決定される。

今、債券市場から満期がそれぞれ $T_1<T_2<\cdots T_N$ の N 個のゼロクーポン債の価格〔3.21〕が得られているとしよう。さて、先述の2モデルについては、どちらも〔3.15〕式によるゼロクーポン債価格の計算結果が〔3.22〕と満期までの残存期間 $T\text{-}t$ と金利モデルのパラメータ κ、μ、σ で決定される関数 A、B を用いて表されることがわかっている。このとき、パラメータ値は市場価格との誤差がなるべく小さくなるように、たとえば2乗誤差〔3.23〕を最小にするように（コンピュータ上で）計算されて決定されるわけである。

フォワードレート（イールドカーブ）モデル

一九八〇年代に入り債券市場の発展と共に、市場で観測される債券の数（$=N$）がどんどん大きく（数百に）なり、市場価格と理論価格の誤差〔3.23〕を〔3.19-20〕に挙げたような短期金利モデルがもつ数個のパラメータを調整して小さく保つことが困難になってきた。そういった背景の中で生まれてきたのがここで解説するフォワードレート（イールドカーブ）

［3.12］ $\dfrac{dS_t^0}{S_t^0} = r_t dt,\quad S_t^0=1$

［3.13］ $S_t^0=e^{-\int_0^t r_u du}$

［3.14］ $\bar{E}[e^{-\int_t^T r_u du}F \mid \mathcal{F}_t]$

［3.15］ $p(t, T)=\bar{E}[e^{-\int_t^T r_u du} \mid \mathcal{F}_t]$

［3.16］ $\sum_{i=1}^{N} C_i \times p(t, T_i) + A \times p(t, T_N)$

［3.17］ $p(t, T)=e^{-\int_t^T r_u du}$

［3.18］ $\dfrac{dp(t, T)}{p(t, T)} = r_t dt,\quad p(T, T)=1$

図16

モデルである。このモデルでは、短期金利や個々の債券価格に注目する代わりに、今日では金融機関が日常的に使用する、市場に存在するさまざまな満期をもつ債券価格［3.21］を仮想的に補完して繋ぎ得られたカーブ $P_{mkt}(T)$, $(T\geq 0)$（「割引率曲線：ディスカウントレートカーブ」と呼ばれる）、あるいはこれを $P_{mkt}(T)=e^{-Y_{mkt}(T)\times T}$ で変換した $Y_{mkt}(T)$, $(T\geq 0)$ イールドカーブ（利回り曲線）のダイナミクスに注目する。ヒース、ジャロウ、モートンは、特にこれらの曲線と密接に関連しているフォワードレート（先渡し金利）カーブに注目して、以下に述べるような枠組みを提示した。まずフォワードレート（先渡し金利）の定義を行おう。

時刻 t におけるそれより将来の期間 $T(>t)$ から $T'(\geq T)$ まで借入れを行うときのその期間の平均金利 $F(t,T,T')$（複利ベースで考える）を考える（これを時刻 t における T から T' にかけての「先渡し（フォワード）金利」と呼ぶ）。

さて、以下のオペレーションを考えてみる。

（1）時刻 t において満期が T の債券を売却する。得た資金 $P(t,T)$ で満期が $T'(>T)$ の債券を $p(t,T)/p(t,T')$ 単位購入する。一方、時刻 T に1資金を借入れ、これを T' に返却することを確約しておく。[11]

（2）時刻 T において、借り入れた資金で債券の売却者に元本1を支払う。

［3.19］ $dr_t=\kappa(\mu-r_t)dt+\sigma d\bar{B}_t$

［3.20］ $dr_t=\kappa(\mu-r_t)dt+\sigma\sqrt{r_t}d\bar{B}_t$

［3.21］ $p_{mkt}(T_1), p_{mkt}(T_2),\ldots, p_{mkt}(T_N),$

［3.22］ $p(t, T)=\exp\{A(T-t;\kappa,\mu\sigma)+B(T-t;\kappa,\mu,\sigma)r_t\}$

［3.23］ $f(r_0;\kappa,\mu,\sigma):=\sum_{i=1}^{N}\{p(0,T_i)-p_{mkt}(T_i)\}^2$

図17

（11）この取引は金利先渡し契約（Forward Rate Agreement）と呼ばれる。

（3）時刻T'において満期を迎えた債券の元本 $p(t,T)/p(t,T')$ を受け取る。また、借り入れた資金を金利分上乗せして $e^{F(t,T,T')(T'-T)}$ 返済する。

裁定機会が生じないためには［3.24］が成立していないといけないことになる。以後この関係式［3.24］を仮定する。

同様に、時刻tにおける将来時刻Tに関する瞬間的なフォワードレートを［3.25］で定義する。［3.24-25］式より［3.26］が導かれる。特に$T=t$と置けば、$P(T,T)=1$だから［3.27］が得られる。すなわち、時刻tにおける（瞬間的な）フォワードレートカーブ［3.28］をあたえれば、そこから時刻tにおけるディスカウントレートカーブ(12)［3.29］が得られるし、逆に滑らかなディスカウントレートカーブが得られればそこから［3.30］としてフォワードレートカーブが得られることがわかる。また、定義から$f(t,t)=r_t$であることを注意しておく。

さて、ヒース、ジャロウ、モートンは、［3.27］、［3.30］をみたす瞬間的なフォワードレートのダイナミクスが［3.31］のようにd個の独立なブラウン運動$(B_t^i)_{t\geq 0}$ $(i=1,\ldots,d)$を用いた確率微分方程式(13)を用いて表現されているとするとき、リスク中立確率(14) $\bar{P}$ のもとではフォワードレートが［3.32］（$\bar{B}^1$、…、$\bar{B}^d$は$\bar{P}$のもとでの互いに独立なブラウン運動）に、ゼロクーポン債の価格が［3.33］に従うことを示した。すなわち、フォワードレートカーブ（ないしはイールドカー

(12) 横軸にゼロクーポン債の残存期間を、縦軸に価格を採って描かれるカーブ。

(13) 情報増大系 (F_t) $t>0$ としてはブラウン運動から生成されているものを想定する。

(14) 今の場合、任意の満期の（連続無限個の！）ゼロクーポン債が債券市場で取引されていることを仮定する。そして任意の $p(\cdot,T)/S$。がマルチンゲールになるような確率のことを「リスク中立確率」と呼ぶことにする（さらにその存在も仮定する）。

ブ）が市場で無裁定条件をみたしつつ時間発展してゆく為の、望ましい条件を記述したわけである。特に［3.31-33］は、初期カーブ $f(0,T)$、$p(0,T)$ を（任意に）あたえて定まるカーブの時間発展を記述した方程式であることをあらためて強調しておく。したがって、短期金利モデルで行ったような、債券の市場価格に理論価格が合致するようなパラメータ値の調整（キャリブレーション）は必要ないことになる。

たとえば、d=2と採って、［3.34］（σ_1、σ_2、κは定数）と置いたモデルが簡単な例として知られている。この場合は σ_f^1 はフォワードレートカーブの「パラレルな」動きの大きさを表す強度と、一方 σ_f^2 はフォワードレートカーブの勾配の変化を表す成分と解釈できる。

［3.24］ $\dfrac{p(t,T)}{p(t,T')} = e^{F(t,T,T')(T-T')} \Leftrightarrow F(t,T,T') = \dfrac{1}{T-T'}\log\dfrac{p(t,T)}{p(t,T')}$

［3.25］ $f(t,T) = \lim_{T'\to T} F(t,T,T')$

［3.26］ $\dfrac{p(t,T')}{p(t,T)} = \exp\left\{-\int_T^{T'} f(t,S)dS\right\}\quad (0\le t\le T\le T')$

［3.27］ $p(t,T') = \exp\left\{-\int_t^{T'} f(t,S)dS\right\}\quad (0\le t\le T')$

［3.28］ $f(t,S),\quad (S\ge t)$

［3.29］ $d(t,\tau) := p(t,t+\tau),\quad (\tau\ge 0)$

［3.30］ $f(t,S) = -\dfrac{\partial}{\partial S}\log p(t,S)$

［3.31］ $df(t,T) = \mu_f(t,T)dt + \sum_{i=1}^{d}\sigma^i{}_f(t,T)dB_t^i$

［3.32］ $df(t,T) = \sum_{i=1}^{d}\sigma^i{}_f(t,T)\sigma^i{}_p(t,T)dt + \sum_{i=1}^{d}\sigma^i{}_f(t,T)d\bar{B}_t^i$

$\sigma^i{}_p(t,T) := \int_t^T \sigma^i{}_f(t,S)dS$

［3.33］ $\dfrac{dp(t,T)}{p(t,T)} = r_t dt + \sum_{i=1}^{d}\sigma^i{}_p(t,T)d\bar{B}_t^i$

［3.34］ $\sigma^1{}_f(t,T) = \sigma_1,\quad \sigma^2{}_f(t,T) = \sigma_2 e^{-\kappa(T-t)}$

［3.35］ $R(t,\tau) := f(t,t+\tau)$

［3.36］ $dR(t,\tau) = \left\{\dfrac{\partial}{\partial\tau}R(t,\tau) + \sum_{i=1}^{d}\sigma^i{}_R(t,\tau)\int_0^\tau \sigma^i{}_R(t,u)du\right\}dt + \sum_{i=1}^{d}\sigma^i{}_R(t,\tau)d\bar{B}_t^i$

$\sigma^i{}_R(t,\tau) := \sigma^i{}_f(t,t+\tau)$

図18

また最近はフォワードレートの残存期間の方に焦点を当て［3.35］と置き、Rの従うダイナミクス［3.36］を記述した方程式を調べることも多い。残存期間の定まった金利に関する商品[15]が主流になってきていることも重要な理由の一つであろう。

ボラティリティ構造のモデル化

ヒース、ジャロウ、モートンの枠組に従いフォワードレート（イールドカーブ）モデルを作るときは、ボラティリティ関数 $\sigma_f^i(i=1,\dots,d)$ のモデル化が重要になる（実際、リスク中立確率下でのダイナミクスは［3.32-33］のように、ボラティリティ関数を与えると確定する）。一九八〇年代半ばに彼らの枠組が提案されて以来、現在に至るまでさまざまな具体的なボラティリティ関数が提案されてきた。しかしどれも一長一短であり、決定打と呼べるようなものはなく、それゆえ、目的に応じた最適な金利モデルの選択が重要であるように思える。

デリバティブの価格付けやヘッジに用いるモデルならば、モデルのパラメータ値はデリバティブの市場価格を用いて決定（キャリブレーション）されるのがもっともポピュラーである。たとえば［3.34］のモデルを採用したとしよう。今、市場に満期日 $S_i(i=1,\dots,N)$ にゼロクーポン債価格 $p(S_i,T_i)(S_i \leq T_i)$ が行使価格 K_i を上回ったらその差額が受け取れるような債券のヨーロピアンコールオプ

(15) 金利オプション、固定金利と変動金利を交換するスワップ、さらにそのオプション（スワプション）など。

ションがN個取引されていたとする。その理論的な適正価格をパラメータσ_1、σ_2、κの関数とみなして［3.37］と、一方それらの市場での価格を［3.38］と表記する。このときパラメータ値は、市場価格と理論価格の乖離がなるべく小さくなるように、たとえば2乗誤差［3.39］を最小にするようにコンピュータ上で計算されるわけである。そして実務上はこのキャリブレーション作業の容易さがモデル選択の重要な観点となっているようである。

　一方、金利モデルをリスク管理に用いることもある。この場合金利モデルを用いてコンピュータ上で（ブラウン運動を乱数を用いて近似的に発生させ）、将来のイールドカーブのシナリオを数千・数万と生成する。これを用いて金融機関の保有資産の価値変動の可能性を見積もるわけである（リスク管理の手法については後に解説する）。この目的のためには、イールドカーブの（リスク中立確率ではない）実際の確率のもとでのダイナミクス［3.31］が必要になる。したがって、ボラティリティ関数（のパラメータ）はデリバティブの市場価格からキャリブレーションして決定するよりは、統計的な手法を用いて過去の時系列データから推定する方がこの場合は適切かもしれない。また、ボラティリティ関数以外にもドリフト関数 $\mu_f(t,T)$をモデル化して推定しなくてはならないわけである。

［3.37］ $V_i(\sigma_1,\sigma_2,\kappa):=\bar{E}[e^{-\int_t^{S_i} r_u du}(p_t(S_i,T_i)-K)^+]$

［3.38］ $C^1_{mkt}, C^2_{mkt},\dots, C^N_{mkt}$

［3.39］ $\sum^{N}\{V_i(\sigma_1,\sigma_2,\kappa)-C^i_{mkt}\}^2$

図19

三　リスク測度

現在、主要金融機関は、保有する金融商品（株式、為替、債券、金利や、それらの派生商品）の市場変動により被るリスク量（これを「市場性リスク」と呼ぶ）を日々世界規模で計測するシステムを有している。そしてこの計測結果は、金融機関自身が経営指標に活用することもあるだろうし、一方ＢＩＳ[16]や金融監督庁に対して報告が義務付けられてもいる。この市場性リスク測定に用いられるポピュラーな手法（指標）がバリューアットリスク（Value at Risk）計測と呼ばれるものである。

たとえば今から一週間後の金融機関の保有資産を確率変数 X で表すとしよう。将来の保有資産は、不確実に変動する株価、金利、為替レート等の関数であるとみなせるので、確率変数になるわけである。

さて、信頼水準と呼ばれる $\alpha\in(0,1)$（通常は0.01などが選ばれる）をあたえて、X の下側 $100\times\alpha$％の点、式で表せば［3.40］をみたすような $\mathrm{Var}_\alpha(X)$ ないしは確率が α 以上になるような最小の点を考え、これを X のバリューアットリスクと呼ぶ[17]。これにより、金融機関は一週間後のシナリオの最悪から $100\times\alpha$％の点を把握し、その損失額を補充するのに必要な $-\mathrm{Var}_\alpha(X)$ をリスク量として把握することにする。もちろん、バリューアットリスクを信頼できる精度で計

（16）Bank for International Settlements（国際決済銀行）。

（17）ここでは X の分布関数は連続であると仮定する。

算するシステムを構築するためには、克服しなければならないいくつもの技術的項目が挙がってくる。たとえば、

（1）リスクの源になっている株価、為替レート、金利、債券価格などの的確なモデル化

（2）それらの時系列データの速やかな収集・集約、効率的な活用法（データマイニング）

（3）モデルの適切なパラメータ推定

（4）莫大な規模になるため計算の効率化を追求すること

などの項目であり、これらは金融工学研究者たちの重要な（そして普遍的で永遠の？）研究項目であるように思われる。

しかしここでは、そのような技術的な側面ではなく、むしろバリューアットリスク［3.41］（$\mathfrak{X}$で確率変数全体を表すとしよう）を「リスク測度」――資産価値を表す確率変数をリスク量という一つの数値に変換する「尺度」――として扱うことの是非について触れてみたい。実際、バリューアットリスクの問題点は実務家からも研究者からもさまざま指摘されてきた。直感的なものとしては「100×α％以下の出現確率の非常に小さい、しかし非常に悪いシナリオが出現したらどうなる？」といった疑問であるが、これなど「リスク管理とはそもそもなんぞや？」と問う質問かもしれない。

また以下の例を考えてみよう。同じ金融機関に属する二人のトレーダーA、Bがそれぞれ一週間後の資産価値が確率変数X_1、X_2で表されるポートフォリオを所有しているとする。X_1、X_2は独立であり、ともに区間$[-(\alpha+1),-1]$上では$0.01/\alpha$の密度をもち$(\alpha>0)$、区間$[-1.0]$上では0.90の密度、さらに一点上で0.009の密度をもつ分布をしているとする。このとき、$\alpha=0.01$として、トレーダーA、Bの資産のバリューアットリスクは（aの値によらず）［3.42］になる。一方この金融機関全体としてはバリューアットリスクはいくつになるのだろうか考えてみよう。

今、2より大きい正数bに対して［3.43］であるという関係が成立していることに注意する。すなわち［3.44］といった関係が成立している。したがって［3.45］が成立しているとき、たとえば$a=20$として$b=10$と選んでおくと、［3.46］といった関係が観察されることになる。すなわち、

（1）バリューアットリスクを用いて資産を統合して計算すると、個別に計算して合算するより大きくなることが起こり得ること

（2）X_1、X_2の分布によっては、個別のバリューアットリスクは変わらなくても統合して求めた値がいくらでも大きい値になることが

［3.40］ $\mathrm{Prob}(X \le \mathrm{VaR}_\alpha(X)) = \alpha$

［3.41］ $\mathrm{VaR}_\alpha : \mathfrak{X} \ni X \to -\mathrm{VaR}_\alpha(X) \in (-\infty,+\infty)$

［3.42］ $\mathrm{VaR}_{0.01}(X_1) = \mathrm{VaR}_{0.01}(X_2) = -1$

［3.43］ $p^* := \mathrm{Prob}[-(a+1) \le X_1 \le -1,\ -1 \le X_2 < 0,\ X_1 + X_2 < -b]$

$$= a-b+1+\frac{1}{2}\times\frac{0.01}{a}\times 0.9 = \frac{(2a-2b+3)\times 0.009}{2a}$$

［3.44］ $\mathrm{Prob}(X_1 + X_2 < -b) > 2p^*$

［3.45］ $2p^* \ge 0.01 \Leftrightarrow b \le \dfrac{8a+27}{18}$

［3.46］ $-\mathrm{VaR}_{0.01}(X_1 + X_2) > 10 > 2 = -\mathrm{VaR}_{0.01}(X_1) - \mathrm{VaR}_{0.01}(X_2)$

［3.47］ $\rho : \mathfrak{X} \ni X \to -\rho(X) \in (-\infty,+\infty)$

［3.48］ $\mathrm{CVaR}\ (X) := E[(-X) \mid X \le \mathrm{VaR}_\alpha(X)]$

図20

あり得ること

が示された。バリューアットリスクのもつこの性質は、「資産を統合すると相殺される『リスク』があるはずである」といった（マルコビッツの平均・分散アプローチによるポートフォリオ選択理論以来研究者・実務家が抱いている）直観や、「個別のトレーダーがリスクを管理しても、全体のリスク量は制御できない（全体のリスク量は個別のリスク量の合算では押えられない）」といった実用上の観点から、リスク量を測る尺度がもつ性質としては望ましくないと現在認識されている。

さて近年、アルツナー・デルバーン・エベ・ヒース等はリスク測度［3.47］の満たすべき公理系として

（1）もし $X \geq 0$ ならば $\rho(X) \leq 0$（損失がない資産のリスク量は0以下）

（2）$\rho(X_1+X_2) \leq \rho(X_1)+\rho(X_2)$（統合してリスク量を管理するのが個別に管理するより効率的）

（3）$k \geq 0$ に対して $\rho(kX)=k\rho(X)$

（4）$\alpha \in R$ に対して $\rho(X+a)=\rho(X-a)$（資産が確実に a 増やされればリスク量はその分減少する）

の四つを掲げ、これらを満たすリスク測度をコヒーレントリスク測度[18]と名付けて、その特徴付けを行った。つまりこの観点からは、先のバリューアット

（18）coherent　ランダムハウス英語辞典によれば「首尾一貫した、筋の通った、統一のとれた」などの訳語が挙がっている。

リスクは公理（2）を満たしていないため、コヒーレントではないわけである。代わりに、バリューアットリスク以下の「悪い」状況が起こったとして、その条件下での資産価値の期待値、すなわち数式で表せば［3.48］（「条件付バリューアットリスク」などと呼ばれる）がコヒーレントリスク測度になることが知られている。もちろん、これは一例であり、またそもそもコヒーレントリスク測度の公理系が絶対であるわけでもないが、リスク管理にこのような尺度を用いる機関も増えてきているようである。

　この分野の次の段階の問題の一つとして、ある一時点のリスク量を測る静的な問題ではなく、現在からある将来時点までの全体のリスク量を測る動的な問題が考えられる。つまり資産価値の変動を表す確率過程 $X=(X_t)_{0\le t\le T}$ の「リスク量」をいかに測るかが問題である。まだまだ基礎的な部分の研究が始まったばかりであるが、研究者と実務家双方が問題点の洗い出し・アイデアの提示などを交流・議論を通じて行い、発展させてゆくことが期待される。

●執筆者紹介（執筆順）

仁科《にしな》　一彦《かずひこ》（一九四六年生まれ）経済学博士
一九七五年　東京大学大学院経済学研究科博士課程修了
　現在　大阪大学大学院経済学研究科教授
キーワード　ファイナンス

大西《おおにし》　匡光《まさみつ》（一九五七年生まれ）経済学博士
一九八二年　京都大学大学院工学研究科修士課程修了
　現在　大阪大学大学院経済学研究科教授、京都大学大学院経済学研究科寄附講座教授
キーワード　オペレーションズ・リサーチ、ファイナンス・金融工学、ゲーム論

谷川《たにがわ》　寧彦《やすひこ》（一九五九年生まれ）経済学修士
一九八三年　大阪大学大学院経済学研究科前期課程修了
　現在　大阪大学大学院経済学研究科助教授
キーワード　マーケット・マイクロストラクチャー、資産価格理論

小谷《こたに》　眞一《しんいち》（一九四六年生まれ）理学博士
一九七二年　大阪大学大学院理学研究科修士課程修了
　現在　大阪大学大学院理学研究科教授
キーワード　確率論、スペクトル、不規則系

長井《ながい》　英生《ひでお》（一九五〇年生まれ）理学博士
一九七五年　大阪大学大学院理学研究科修士課程修了
　現在　大阪大学大学院基礎工学研究科教授
キーワード　確率制御、数理ファイナンス、ベルマン方程式

関根《せきね》　順《じゅん》（一九六四年生まれ）理学博士
一九九四年　東京大学大学院理学系研究科博士課程修了
　現在　大阪大学大学院基礎工学研究科講師
キーワード　数理ファイナンス

大阪大学新世紀セミナー［ISBN4-87259-100-3］

金融工学

2003年5月8日　初版第1刷発行　［検印廃止］

編　集　大阪大学創立70周年記念出版実行委員会
編　者　仁科一彦・小谷眞一・長井英生
発行所　大阪大学出版会
代表者　松岡　博
〒565-0871　吹田市山田丘1-1　阪大事務局内
電話・FAX　06-6877-1614（直）

組　版　㈱桜風舎
印刷・製本所　㈱太洋社

ISBN4-87259-128-3

大阪大学出版会は
アサヒビール(株)の出捐により設立されました。

「大阪大学新世紀セミナー」刊行にあたって

健康で快適な生活、ひいては人類の究極の幸福の実現に、科学と技術の進歩が必ず役立つのだという信念のもとに、ひたすらにそれが求められてきた二十世紀であった。しかしその終盤近くになって、問題は必ずしもさほど単純ではないことも認識されてきた。生命科学の大きな進歩で浮かび上がってきた新たな倫理問題、環境問題、世界的な貧富の差の拡大、さらには宗教間、人種間の軋轢の増大のような人類にとっての大きな問題は、いずれも物質文明の急激な発達に伴う不均衡に大きく関係している。

一九三一年に創立された大阪大学は、まさにこの科学文明の発達の真っ只中にあって、それを支える重要な成果を挙げてきた。そして、いま新しい世紀に入る二〇〇一年、創立七〇周年を迎えるにあたって企画したのが、この「新世紀セミナー」の刊行である。大阪大学で行われている話題性豊かな最先端の研究を、学生諸君や一般社会人、さらに異なる分野の研究者などを対象として、できるだけわかり易くと心がけて解説したものである。

これからの時代は、個々の分野の進歩を追求する専門性とともに一層幅広い視野をもつことが研究者に求められ、自然科学と社会科学、人文科学の連携が必須となるだろう。細分化から総合化、複合化に向かう時代である。また、得られた科学的成果を社会にわかりやすく伝える努力が重要になり、社会の側もそれに対する批判の目をもつ一方で、理解と必要な支持を与えることが求められる。本セミナーの一冊一冊が、このような時代の要請に応えて、新世紀を迎える人類の未来に少しでも役立つことを願ってやまない。

大阪大学創立七十周年記念出版実行委員会